U0474139

主编简介

王文杰 男，1979年生，北京人，副研究员。曾任北京工业大学学生工作部（处）部（处）长、武装部部长、学生发展指导中心主任，现任宣传部常务副部长兼新闻中心主任。主要研究方向为大学生思想政治教育。

王海燕 女，1970年生，北京人，博士毕业，副研究员。现任北京工业大学学生工作部（处）副部（处）长、武装部副部长。主要研究方向为大学生思想政治教育。

内容简介

本书搜集整理北京工业大学全体辅导员在深度辅导工作中的优秀案例，根据学生在大学生活中所遇到的各类问题分为发展辅导、就业辅导、心理辅导、危机干预等多个方面。案例的编辑一方面希望提炼、总结辅导经验，不断提升深度辅导水平；另一方面，使辅导员在处理相关问题时有理可依、有章可循，提高工作效率和效果。

高校校园文化建设成果文库

春风化雨

高校学生事务管理工作案例选编

王文杰　王海燕◎主编

光明日报出版社

图书在版编目（CIP）数据

春风化雨：高校学生事务管理工作案例选编 / 王文杰，王海燕主编．-- 北京：光明日报出版社，2018.4（2023.1 重印）

ISBN 978-7-5194-4168-5

Ⅰ.①春… Ⅱ.①王…②王… Ⅲ.①北京工业大学—学生工作—案例 Ⅳ.①G645.5

中国版本图书馆 CIP 数据核字（2018）第 081470 号

春风化雨——高校学生事务管理工作案例选编

CHUNFENG HUAYU——GAOXIAO XUESHENG SHIWU GUANLI GONGZUO ANLI XUANBIAN

主　　编：王文杰　王海燕

责任编辑：史　宁　　　责任校对：赵鸣鸣

封面设计：中联学林　　　责任印制：曹　净

出版发行：光明日报出版社

地　　址：北京市西城区永安路 106 号，100050

电　　话：010-67078251（咨询），63131930（邮购）

传　　真：010-67078227，67078255

网　　址：http://book.gmw.cn

E - mail：gmrbcbs@gmw.cn

法律顾问：北京市兰台律师事务所龚柳方律师

印　　刷：三河市华东印刷有限公司

装　　订：三河市华东印刷有限公司

本书如有破损、缺页、装订错误，请与本社联系调换

开　　本：170mm×240mm

字　　数：155 千字　　　印　张：11.5

版　　次：2018 年 4 月第 1 版　　　印　次：2023 年 1 月第 2 次印刷

书　　号：ISBN 978-7-5194-4168-5

定　　价：68.00 元

本书编委会

主　编：王文杰　王海燕

副主编：李　敏

成　员：韩　薇　郭彩云　陈　晨　康　娜
解丹坤　张洪彬　孙立山　白　洁
王　泽　胡玉转　王志刚　李紫萌
张　茜　严庆云　靳秀琴　陈姗姗
杨　帆　陈　莉　成　全　郑建彬
班　旻　李晓萌

序　言

加强和改进大学生思想政治教育，提高大学生的思想政治素质，把他们培养成为社会主义事业的合格建设者和可靠接班人，是我国高等教育事业必须始终高度重视和认真落实的根本问题。高校学生工作是大学生思想政治教育工作的重心，是高等教育的重要组成部分。结合党的十八大精神和全国高校思想政治工作会议精神，北京工业大学学生工作深入贯彻科学发展观，落实中共中央、国务院《关于进一步加强和改进大学生思想政治教育的意见》，不断探索学生工作的方法、载体、途径，努力增强思想政治工作的实效。

北京工业大学创建于1960年，是一所以工为主，理、工、经、管、文、法、艺术相结合的多科性市属重点大学。1981年成为国家教育部批准的第一批硕士学位授予单位，1985年成为博士学位授予单位。1996年12月学校通过国家“211工程”预审，正式跨入国家21世纪重点建设的百所大学的行列。学校共有30个教学科研机构，目前学校已覆盖工学、理学、经济学、管理学、文学、法学、哲学、教育学、艺术学等9个学科门类。目前学校在校生27000余人。学校秉承“不息为体，日新为道”的校训，努力提升办学水平，增强办学实力，提高学校的核心竞争力，全面推进育人质量的提高。北京工业大学探索学生工作的新途径、新方法的过程，是对现实工作实践中出现的问题的探索，既有理论问题的思考，也有实践问题的探索，既有思想理念的创新，也有扎实深入的调查和数据分析，具有很强的理论性、实践性，创新性。充分凝聚了我校学生工作者的心血和汗水，为提高我校人才培养质量做出了应有的贡献。

党的十八大召开以来，学校紧密结合当前学生工作的新情况和学生的新特点，从学校实际和学生成长规律出发，采取有效措施，创新途径方法，完善机制体制，丰富教育内涵，学生工作在整体推进中取得了显著成效。为了传承这些成果，扎实推进实践创新，提高工作的科学化、专业化水平，我校决定编辑出版“北京工业大学学生思想政治教育探索与实践丛书”。

北京工业大学依据国家和北京市颁布的相关政策，不断加强辅导员队伍建设，并着重推进深度辅导工作，明确规定辅导员要“深入学生，了解和掌握学生的实际状况和思想动态，保证每名学生每年都能得到至少一次有针对性的深度辅导，为学生健康成长成才提供良好服务”。同时，收集我校各位辅导员在深度辅导工作中的优秀案例，根据学生在大学生活中所遇到的各类问题分为发展辅导、就业辅导、心理辅导、危机干预等多个方面，整理成本书。一方面，希望通过把不同院系、不同年级辅导员所处理的案例集中起来，提炼、总结出辅导经验，不断提升学校深度辅导的水平。另一方面，作为经验介绍，使新上岗辅导员在处理相关问题时，有据可依、有章可循，提高辅导员的工作效率和工作效果。

编委会

2017 年 4 月

目 录
CONTENTS

党旗下的大讲堂——让盲人触摸建筑

一、案例概述

“党旗下的大讲堂”作为我院建筑学低年级党支部的系列特色活动已经开展7年时间了。我在指导该活动中一直秉承建筑与城市规划学院学生工作思想核心:坚持把思想政治教育工作融入学生的专业学习中,以学生科技文化活动为载体,引导和促进学生更好地进行专业发展。该系列活动有效地保障了支部文化的有序传承,有利于学生党员工作和学习的顺利开展。

让盲人触摸建筑缘起于建筑学低年级党支部2003年与北京市残联举办的一次参观北京市残疾人互动中心,同时为残疾人进行无障碍设计的活动,使我院学生党员一直心系残疾人朋友。2012年3月经北京市残联介绍,该支部与北京市西城区鼓楼大街的“心目电影院”开展“让盲人触摸建筑”的活动。考虑到盲人朋友对认知周围世界的障碍,结合本支部建筑专业特色,我们决定制作建筑模型,让盲人朋友触摸,从而让他们更形象地了解周围的世界,特别是建筑这种大体量、他们难以感知的事物的魅力所在。同时,通过活动也使同学们在参观和测绘古建筑、制作模型的过程中加深对建筑的理解,进一步促进专业学习。

二、案例分析

我在多年从事学生党建的工作过程中发现这样的问题:学生党员的思想汇报、民主生活会的内容形式化,容易使部分学生党员产生错误的想法:党支部开展的各项活动只不过是在走形式,并没有实际内容。这种单一的教育方式,缺乏吸引力,实践与理论相脱节,收不到良好的教育效果。

想要把学生党支部的思想教育从“说教”变为“直接有效的工作”,首先要做的就是以人为本,从学生党员的根本需求出发。学生党员最首要的身份是学生,只有将学习做好了,才能再谈其他工作。在这样的一个前提之下,任何支部的互动都应该与学生党员的专业相结合,把思想政治教育融入学生党员的专业学习当中,以学生科技文化为载体,引导学生党员更好地进行专业学习,更好地为党的事业添砖加瓦。从而有了此次案例尝试:党旗下的大讲堂——让盲人触摸建筑。

三、辅导过程

(一)案例处理的方法、过程

1. 活动策划

我本人也是建筑学专业硕士毕业,后来从事高等教育工作,对于指导这样的活动,本身也是具备一定的优势。建筑学低年级党支部党员就读的专业是建筑设计，在支部活动的设计中，一定要结合学生党员所学专业，在活动过程当中，不断应用该专业的知识，使学生党员的支部活动是在专业的支撑下开展的。活动成果不仅是一次思想教育的成果，也是一次专业学习的成果展示。有了这样的指导思想，就像有了一盏指路明灯，心中了然，最关键的就是确定针对怎样的群体做怎样的设计，更确切地说是要找到合适的合作方。这使我很快想到了2003年与北京市残联合作的一次无障碍设计，当时活动非常成功，对方也给予我们很高的评价。经与北京市残联联系、推荐，我们与“心目电影院”确定了开展活动的意向。

2. 活动实施

整个活动分为三个阶段。首先，支部与“心目电影院”盲人朋友进行座谈。在座谈的过程当中，我们得知，很多盲人朋友虽然在北京生活了很多年，但是由于身体的不便，从来没有对故宫、颐和园等雄伟壮丽的古代建筑有过亲身的了解，大多是通过电视、收音机等有一知半解的了解，他们听说支部同学是学习建筑的，非常羡慕，想让同学们对中国特别是北京的古建筑进行一些讲解。这些正好是同学们的专业领域，大家也都跃跃欲试。那么到底以什么形式才能让这些盲人朋友亲身感受到古建筑的雄伟壮丽呢？经过商议，大家一致认为虽然盲人朋友眼睛看不到，甚至有些人听力也有障碍，但是他们可以用手触摸到、感觉到，因此同学们决定采用模型的形式，让盲人朋友通过触摸而感受到古建筑的形制、体量、构造方法。

接下来，同学们结合二年级古建课程对北京的天坛、太和殿等有知名度和代表性的古建进行了参观、测绘，制作了模型。在这个过程中，学院领导也给予了极大的帮助。我还邀请了古建课程的专业老师对学生进行专业的指导，务必使整个模型制作的成果准确、合理。

再接下来是成果展示。当为期两个月的模型制作结束，支部同学便带着大家完成的模型成果来到“心目电影院”与盲人朋友进行交流。很多盲人朋友在亲手触摸了同学们制作的古建模型，听了同学们详细的讲解之后，表示“圆了自己心中一个梦，对中国古代建筑尤其是经常听人们提起的知名古建筑有了最直观的了解，非常激动，也非常感谢”，希望同学们能够常来活动。同学们也乐在其中，将精心制作的模型赠予了盲人朋友。

最终活动总结。在活动总结中，很多学生党员有感而发，觉得自己得到了一次心灵的洗礼，通过与残疾人朋友的接触，更珍惜现在的生活，对设计也有了新的理解，特别是对古建的构造和建法了然于胸，之后不怕考试过不了了，希望支部多做这样的活动。

(二)案例效果

这次的“党旗下的大讲堂——让盲人触摸建筑”主题活动开展得非常成功，得到了学院师生及广大残疾人朋友的广泛好评。总结此次活动，有以下几点效果：

1. 学生党员体会到无障碍设计的重要性

通过与残疾人朋友的接触，使学生党员了解了他们的需求，从而对无障碍设计有了更深刻的理解。活动结束后，很多同学表示，此次的活动对本人影响非常大，在以后的设计中绝对不会忘记无障碍设计，让我们的盲人朋友在生活中更加方便。

2. 学生党员提高了专业课程学习兴趣

通过此次活动，绝大部分支部党员、积极分子对古建筑的学习有了更进一步的理解。通过模型的制作与讲解，对古建筑的构造和做法有了深入的理解，增长了知识，促进了专业学习。

3. 支部活动受欢迎

此次活动是将专业学习融入支部活动的典型案例，受到了广大党员和积极分子的热烈欢迎,先后有100余名党员与积极分子参与到该活动当中,基本覆盖了本支部的全体党员与入党积极分子。

四、经验启示

学生党支部换届快,党员流动性大,支部文化不易传承,导致学生支部不好管理,每逢换届先乱半年。想要解决这个问题,开展有特色的支部系列活动非常有必要。

要想开展有特色能够传承的支部活动,就必须考虑到学生党员的特点,在满足其最根本的需求的基础上开展活动,那就是:开展支部与专业相结合的活动,才能走得长,走得远。

专家点评:

"党旗下的大讲堂——让盲人触摸建筑"的支部特色活动,最大的亮点就在于突出了党建活动的基本理念,即"围绕中心抓党建,抓好党建促发展",也就是作者所秉持的思想:"坚持把思想政治教育工作融入学生的专业学习中,以学生科技文化活动为载体,引导和促进学生更好地进行专业发展。"支部活动不是为了搞活动而搞活动,从根本上来说,所有党建和思想政治教育工作的最终目的都是为人才培养服务,为实现党的教育方针即培养合格的建设者和可靠的接班人。本项目的初衷是为了让盲人朋友通过触摸感知古建筑,了解祖国文化的灿烂辉煌。学生党员依托专业知识、亲自动手制作模型,还为他们进行详细的讲解。在此过程中,不仅提升了专业的认知,更切身感受到了盲人朋友的需求,产生了更好地进行设计服务的思想自觉和责任意识。这样的认识提升不是靠说教直白地告诉学生,而是在活动中依靠自身实践体验得来的,这正是高明的教育方法和鲜活的支部活动所具有的魅力。我们强调的“为人民服务”是中国共产党的立党宗旨，应该是每个共产党人的座右铭和行动口号。但是，服务人民的思想自觉、责任意识、本领能力，都不是与生俱来、凭空产生的，还需要我们的精心培养和引导强化，本案例正是提供了这样的思路和示范。

在活动之后注重思想认识的引领和提升是取得活动成果的关键。

北京工业大学人文学院党委书记　杨茹

建立党员思想教育机制　做好学生党建工作

一、案例概述

小红平时思想积极要求进步，学习成绩班级一直名列前茅，并担任班级团支书，工作能力强，综合表现优异，于大学一年级学期末加入党组织。在大二学期末按期转正，到大三第一学期末，由于组织领导能力和模范带头作用突出，被选举为学生党支部书记。一天，小红过来找我，说因为学习有压力，担心党支书做不好，希望能得到组织帮助。看到她闪烁其词，经仔细询问，原来另有原因。她觉得很多学生党员入党前后表现不一样，入党前积极，入党后经常不参加党支部活动，简直判若两人。党支部活动经过辛苦策划、民主表决商议时间，但是最后正式活动时，不少学生党员因个人学习等理由请假，这些党员的表现严重影响了党支部的正常组织生活。

二、案例分析

这是党支部建设中需要长期关注的党员思想教育问题。高校学生党支部是高校党的组织系统的基本细胞,而大学生党员则是这个细胞中的优秀群体,大学生党员的思想教育直接影响到党员发展工作、党员质量、党员队伍的群体形象等。

作为负责学生党建工作的老师,在安慰小红的同时,也仔细分析了近两年我院学生党员的教育工作中存在的问题,我发现学生党员中存在着“党员模范表率及服务意识不强”“党员自我要求和约束松懈”“党员对党的各方面了解偏少”等问题。如何确保学生党员质量,提高学生党员的思想意识和党性修养,促进学生党员在学生工作中发挥先锋模范带头作用成了现在急需解决的问题。究其原因,主要有以下几点:

1. 学生入党动机不端正,功利性强。其主要原因有以下几点:一是市场经济的负面影响,使得一些学生过分看重个人利益;二是社会不良风气的影响,部分同学认为,只要和相关老师搞好关系,入党就能获得优先权;三是党组织对学生的思想教育和引导力度不够,对学生思想触动不大。

2. 重发展,轻教育。学生党员对党的知识了解偏少、表率服务意识不强、自我约束松散等都是我们“重发展,轻教育”的反映。在发展学生党员时,我们严把入口关,注重学生党员发展的质量,但在学生入党后,我们对学生党员的再教育抓得不够严,忽略了学生党员思想政治素养的提高;同时,对学生党员的监督及引导力度不足,使得学生党员没有充分发挥先锋模范作用。

我和小红分析了当前工作的难点和重点,小红所反映的问题不是不能解决,但不是一朝一夕的事。以此为契机,我召集学生党支部骨干集中研讨解决问题的有效抓手,并表示在学院层面加强对学生党员入党前后的各项党建工作机制建设,共同努力扭转当前学生党员的不良现象。

三、辅导过程

1. 进一步端正入党动机

为使学生端正入党动机，我们主要从以下几方面入手：一是精心组织系统的、内容丰富的党校培训，使大学生明确入党动机。二是安排人员及时与入党积极分子谈话，耐心教育他们，使其认识到入党要有强烈的责任感和使命感，而不是仅仅为了今后就业或者成为达到自己个人目标的途径。三是要帮助学生认识到党组织的纯洁性，加入党组织就是为了在党组织的教育和培养下，保持先进性，不断健康成长，从而对社会做贡献。

2. 明确党员的标准，加强监督和引导

针对"重发展，轻教育"、对学生党员的监督及引导力度不足等问题，我们采取了以下措施：一是要求学生党员学习成绩要良好以上、工作任务要按时完成、能较好协调师生关系。二是每位党员要制定阶段性任务和目标，并定期向党组织汇报。三是加强监督和引导，使学生党员对自己的身份有一个清晰的认识，自觉主动地服务同学，在工作、学习、生活等方面积极发挥表率作用。四是举办各层面的党校培训，集中对学生党员进行思想教育和业务培训，提高其思想和理论水平。五是引导学生党员积极参加各种实践活动，促使他们在实践中进步成长。

在上述措施实施一学年后，我们对部分党员和入党积极分子进行了抽查。通过约谈、群众访谈、同学反馈等方式，发现大家在各方面有了较大改观。大家普遍认为入党应该是伴随强烈社会责任感、民族责任感的人生追求。而入党，可以提高自身的才干，更好地为人民服务，为社会的发展、国家的强盛和民族的复兴做出更大的贡献。一些同学还谈到如果入党抱着功利性的目的，一旦功利性的动机没有实现的可能时，我们就将不知何去何从，将会丧失积极进取的动力。只有把自己的发展融入国家、社会的发展中，才能更好地实现自己的价值。

四、经验启示

1. 提高思想认识是做好大学生党建工作的前提

(1)做好在大学生中发展党员是实现高校培养目标的客观要求。要使我们培养的学生成为社会主义事业的合格建设者和可靠接班人，就是要把大学生培养成为具有远大理想，具有坚定共产主义信念的接班人。

(2)做好在大学生中发展党员工作是党面临的形势和肩负的任务决定的。我们面临着建设中国特色社会主义的艰巨任务，为完成这一任务，一方面要教育和引导每个党员掌握履行工作职责所必需的本领，全面提高党员素质。另一方面，要着力培养优秀青年学生，使他们成为跨世纪的合格人才，成为党组织的新鲜血液。

2. 建立有效的运行机制是做好大学生党建工作的基础

(1)组织体系要严格。在党团组织和结构设置上要严格，能实现工作的良性衔接。

(2)推优程序要严格。在确定入党积极分子的工作中，为确保质量，党团组织要坚持严格的推优制，即不经过团组织推荐的团员不能确定为入党积极分子，经过推优的积极分子必须参加业余党校的集中培训。

(3)发展目标要明确。要坚持按照党章规定的党员标准全面衡量，严格把好入口关，坚持成熟一个，发展一个，确保党员质量。对发展对象提出明确要求，比如学业成绩必须要良好以上；不能违反学校制度的,在某些方面具有特长,从而体现学生党员的先进性。

3. 强化入党前的培养教育是大学生党建工作的重要环节

提高党员意识,需要做好大学生入党前的思想教育,建立一支数量多、质量高的大学生入党积极分子队伍。

(1)深入开展入党申请人教育,发挥党组织对学生的思想启蒙作用。新生入学教育十分重要,是大学生活的开端。在对新生进行入党申请人培训过程中,可以邀请有关领导、楷模人物等讲述自己的成长过程,讲对大学生的希望,从而激发大学生的政治热情。

(2)成立理论学习小组,发挥学生自我教育的作用。在做好大范围思想启蒙教育的同时,要注重对那些基础好的学生干部、三好学生进行培养,成立学习小组,共同探讨学习内容,集中谈体会,通过加强对学生的自我教育,引导他们主动靠近党组织。

(3)建立党员责任区,发挥党员的模范带动作用。在实践中,我院开展了"1 + X"带头带动机制,即"一名高年级的学生党员带动一个新生宿舍""一名学生党员联系若干个入党积极分子"或"一名党员带动一个班级"等,充分发挥学生党员的带动作用,从而推动整个班级、学院良好风气的形成。

4. 发挥党员的先锋模范作用是做好大学生党建工作的重要保证

党员的模范作用的发挥关系到党员本身的形象,关系到党支部建设,关系到党建工作的成效,必须高度重视。

(1)严格要求。除了在日常学习、工作、生活方面严格要求外,还要实行"三个一"的制度,即每学期每名党员必须对责任区内每个递交入党申请书的学生进行一次谈话;每学期召开一次党员与入党积极分子座谈会;每学期在责任区内组织开展一次活动。通过党员与学生的充分接触、了解,树立党员的威信,促进其模范作用的发挥。

(2)实行目标管理。对每一名党员的目标落实情况采取三级考核,即群众、辅导员、党支部对党员的三级考核,加强其发挥模范的自觉性。

(3)建立监督体系。为促进党员履行党员义务,学院每学年都会开展党员"亮身份"活动,每名党员佩戴党徽,设立党员举报箱,自觉接受群众监督,这对激励党员塑造良好的形象起到了积极的作用。

专家点评:

一个党员一面旗帜!学生党员的党性意识、思想认识、行动自觉既关乎党员个人形象,也关系高校学生党组织的影响力和战斗力,更是事关践行党的根本宗旨和奋斗目标的大问题。但是目前,高校大学生入党动机功利化、积极分子和学生党员党建理论学习弱化、学生党员先锋模范作用虚化的问题还是比较突出的,也引起了各方面的充分重视。在解决这些问题时,还缺乏长效的机制、实效的方法、合理的评价等。本案例的作者充分认识到了学生党员发展中的问题,认真分析了产生问题的社会大环境和高校自身等各方面原因,并且在解决方法上做出了很多有益的实践探索。

本案例中对学生党员的发展与入党后的思想教育等各个环节的工作都做了比较详细的梳理,特别是在"端正入党动机""明确党员标准"上做了很多深入细致的工作。"建立党员责任区""实行'三个一'的制度"都是把教育和要求落实在实际行动中,通过努力践行宗旨从而筑牢思想基础,尤其在责任意识的培养上可以说抓住了学生党员培养的关键环节。采取三级考核、建立监督体系也十分符合全面从严治党的要求。要使学生党员不仅在组织上入党,同时在思想上入党还是非常艰巨的、长期的工作,要坚持常抓不懈。

另外,发展学生党员的标准也是很多高校基层党建工作者着重思考的问题。此案例中提到的"学业成绩必须要良好以上;不能有违反学校制度的现象，至少在某些方面具有相对的特长"对于普通学生来说也只能算是基本要求，对于发展对象就显得偏低了。就高校学生党建工作来说，按照《党章》要求科学地细化学生党员发展标准还需要认真研究、不断总结。

北京工业大学人文学院党委书记　杨茹

“双培”学生管理方式探索

一、案例概述

为进一步推进北京地区高等教育综合改革，服务经济社会发展需求，北京市从2015年开始启动“北京高等学校高水平人才交叉培养计划”，“双培计划”是其中一个子项目。

“双培计划”指北京市属高校与在京中央高校共同培养优秀学生。每年市属高校输送优秀学生，通过“3+1”等培养机制，到中央高校的优势专业或北京社会急需专业进行学习。“双培计划”列入高招计划中，学生在高考填报志愿时进行选择，录取后直接到中央高校报到。

2015级电控、微电子学院共招收32名“双培”学生。其中，通信工程专业16人，在北京航空航天大学（昌平校区）学习；电子科学与技术专业16人，在北京理工大学（良乡校区）学习。

“双培计划”为学生发展提供了更广阔的平台，一些不能考入中央高校的同学，可以凭借该计划进入中央高校学习，享受中央高校的师资、设施与资源。然而，“双培计划”学生学籍在市属高校，学习在中央高校，同时受两校管理，学生对两所学校的认同感、新生适应、出现问题时两校合作处理的方式等都是学生与学校可能面临的问题。再加上 2015 级学生是第一届“双培”学生,没有经验可以参考,工作难度加大。

二、案例分析

(一)案例分析

1. 工作理念和目标:探索“双培”学生管理方式,使“双培”学生尽快适应“双培”模式的大学生活。

2. 解决思路

(1)遵循一般新生教育的模式。“双培”学生作为特殊的学生群体,管理方式与普通学生管理方式有一定差异,但也有很多共性可循。对于大学新生来说,大学是一个全新的环境,从共性上,需要帮助新生准确定位,做好新生适应性教育。

(2)尊重差异,明确中央高校、市属高校双方权责。通过分析“双培”学生的特点,我们认为,“双培”学生的管理是一个两校协作管理的问题。两校的角色不完全一致,类似于家校合作管理。中央高校是学校,市属高校是家长;在校期间,中央高校是管理主体,市属高校是托管学生的“家长”。

(二)解决方案

首先,明确中央高校管理主体地位。“双培”学生的学籍在市属高校,但是学习、生活、活动几乎都在中央高校,管理主体应该定位在中央高校。这样能够让学生对中央高校产生归属感与身份认同感,便于与中央高校的同学融为一体,不至于产生被孤立、被寄养的感觉。另外,管理主体明确,学生有问题能够第一时间找到负责的老师,方便问题及时解决。当中央高校解决不了或不属于中央高校解决问题的范畴时,市属高校再及时介入,避免出现管理真空地带。

第二,树立市属高校"亲密家长"形象。家长的第一个职责是:了解家规与校规,提醒学生按规章办事,不可违背。有些"双培"学生总认为自己有两所学校,中央高校待不下去,还有市属高校敞开怀抱迎接自己。其实不然,很有可能学生在央属高校违反规定,回到"家"发现同时违反了"家规",被扫地出门。其次,跟学生建立联系,关心学生的发展,多交流,多沟通,让学生感受到来自"家庭"的关爱,快乐、成绩有人分享,不开心或者委屈时也有发泄、躲避的港湾。

三、辅导过程

(一)实施过程

在这一年的工作中,我们根据上述分析,通过与学生、老师不断沟通调整,开展了下列工作。

1. 熟悉政策,做到工作时心中有数

北京市《北京高等学校高水平人才交叉培养计划》《北京高等学校高水平人才交叉培养"双培计划"实施指导意见》政策出台后,学院教务办公室与学生工作办公室相关老师认真学习,了解各项相关工作的责任主体,将未明确的具体工作列表,与中央高校沟通确认责任主体。《北京工业大学关于北京高等学校高水平人才交叉培养"双培计划"的管理办法(试行)》出台后,进一步把握与细化工作方法。此外,通过与对方学校老师的沟通,交流双方学籍管理、奖学金评比等相关政策与规定,做到心中有数。

2. 入学报到，建立沟通联系渠道

学院请学科部老师分赴两个校区，做好新生入学报到事宜。现场为“双培”学生发放学校学杂费收据、一卡通等相关材料，告知学校学工办、教务办联系方式，并现场采集新生及家长信息，方便建立联系。同时，我们在第一时间与对方辅导员取得联系，通力合作，共同为学生服务。这样，学生入学报到就感受到双方学校的重视，能够最大限度减轻对新环境的陌生感与紧张感。

3. 探望慰问，尽显市属高校家长关怀

开学初、军训、考试周、重大节日等都是重要时间节点，学院选择合适时间探望慰问学生，给学生加油鼓劲，送去节日祝福，了解学生的困难，进行疏解或协调，让学生感觉到家庭的温暖，能够更加踏实地在中央高校学习与生活。慰问品都经过了精心的准备，如开学初发放《北京工业大学文化手册》，展现丰富多彩的校园文化生活，让“双培”学生了解本校学生的生活状态，感受不同学校的不同风采；考试周慰问品是“逢考必过”笔，幽默的方式祝福同学们考试顺利；军训结束、重大节日时送去巧克力等学生喜欢的小零食，学生与老师边吃边聊天，其乐融融。小零食的选择也花了心思，如“好想你”枣片，表达学院师生对他们的思念与牵挂。经过慰问，虽然同学们见到的只是学院的几位老师，但总能感觉到来自学院、学校的关怀。

4. 事务性工作，明确责任和流程

经过双方学校沟通，明确就医、保险、体检、公交卡办理等各项事项的主要落实单位，及时告知学生。“双培”学生或家长遇到各方面问题，也会随时通过微信群或其他方式与辅导员联系，得到及时反馈与解决。

5. 日常沟通，及时疏导心理压力

辅导员以及学院老师保持与“双培”学生的线上联系，互相在朋友圈点赞、评论，在微信群或微信聊天时了解不同学校的情况。“双培”学生还会与学校学生进行比较，查看课表，了解生活状态、学业压力等。当发现双方的情况类似，特别是感觉到市属高校学生学习压力可能更大时，“双培”学生就会特别安心地在中央高校继续学习。他们还创作了“双培之歌”，虽然内容以吐槽课业繁重为主，但是语言轻松活泼，在师生互动中释放了压力。

6. 危机应对，两校密切合作

本学期我们有一名“双培”学生的家长遭遇交通事故突然离世。该生是贫困生，家庭条件不好，母亲生病，父亲又突然离世，经济压力一下子增大，学生的心理状态也受到了很大的影响。学生在第一时间联系了我们，副书记、辅导员、贫困生负责老师等全线出动，积极帮她争取相关补助，关注她的状态，听她倾诉，给她陪伴。同时，学院积极与对方辅导员保持联系，互通信息，共同关注该生的发展。在双方的共同努力下，该生回归到正常的大学生活，获得一等奖学金，还作为优秀学生，被对方学校推荐参加暑假海外公费游学项目，既开阔眼界，又调节心情。

（二）实施效果

经过一年的相处，我们的“双培”学生都比较顺利地适应了大学生活，积极参加科研、竞赛与学生活动，能力得到提升。学习方面表现优秀，在与另一所市属高校混合编班的 32 名同学中，奖学金获得者 14 人，其中我校 13 人。“双培”学生与我们的关系也日益亲近，经常在线上沟通，休闲时能够随意开玩笑，像家人一样。

四、经验启示

1. 明确双方学校的规定与要求，确定各项工作的管理主体

“双培”学生的身份特殊，学生面临的第一个困境就是身份认同问题。明确双方学校的规定与要求，确定各项工作的管理主体，责任细化，双方的老师开展工作时就能够清楚该做哪些工作、做到什么程度。老师的融洽配合也会营造一种和谐的气氛，让学生增加安全感与舒适感，尽快适应自己的双重身份。

2. 加强与中央高校管理部门的沟通，做到信息互通有无

针对“双培”学生学业压力大、易产生自卑心理甚至逃避学业的情况，双方老师一方面要对学生进行开导、解压，通过各项活动让学生融入中央高校的环境中；另一方面，市属高校要让学生了解本校的规定与学生的状态，当学生意识到市属高校的要求同样严格、学生学业压力同样很大时，会心理平衡，降低逃避的可能性。

3. 市属高校要积极主动与“双培”学生加强沟通

在帮助“双培”学生适应中央高校环境、融入环境的同时，市属高校要积极主动与“双培”学生沟通，履行“大家长”职责，关注学生的成长，理解学生，支持学生，搭建两校沟通的桥梁，让“双培”学生与老师、同学都保持联系，为三年后的回归打好基础。

及时对“双培”学生进行鼓励，引导他们珍惜机会，享受中央高校优秀的资源与平台。当“双培”学生发现自己比市属高校的同学拥有更多优势时，自我价值感会提升，于是更加努力去追求自我效能。

专家点评：

看了此案例，真心觉得我们的学生工作队伍是蛮拼的！应该为他

们点赞！在北京地区高等教育综合改革多措并举的大背景下，“双培计划”应运而生。此项计划充分挖掘和利用了北京高等教育的强大优势，为学生的发展提供了更加广阔的平台，当然也给学生的教育和管理带来了更多新的课题。就像任何的创新都会打破既有的模式，带来各种想到或者没有想到的问题，“双培计划”的实施也是面临着各种各样探索中的难题。

大一新生的适应问题历来是学生工作中十分重视的问题，无论是学习方式的变化还是生活环境的变化，对于大一新生都是需要不断适应和不断调整的过程。曾经有调查资料显示，8%的大一新生在入学两个月之后仍存在不能适应大学生活的问题。而参加“双培”的学生更是存在双重适应问题：所在校园不是自己名义上的大学，那个名义上的大学又离自己很遥远！各种的心理疏离感使本来就需要适应的大学生活充满了动荡和不安。好在我们学生工作的老师们不仅是改革的坚定支持者，更是不在自己身边的学子们的坚强依靠！他们把自己定位为“亲密家长”，和“托管”的部委院校要“取得联系，通力合作，共同为学生服务。”对托管的学生更是全程关注、兼顾两头，有针对性地做好教育。和本校的学生不同的是，对双培生既要做好坚强后盾，又要鼓励学生融入所在校园的学习和生活。大到北京市政策和双方的校规校纪，小到充满幽默的“逢考必过”笔和巧用心思的好想你枣片，都充满了老师们的关爱之情。在工作方法上更注重建立领导机制、沟通渠道和明确责任主体，既做到了以情动人、以情感人，又达到了权责清晰、有章可循。这正是我们努力追求的学生工作良性循环的良好局面，学生成长的成果事实也证明了我们工作机制的有效和情感渗透的力量。

预祝所有的双培生学有所成、取得硕果！

北京工业大学人文学院党委书记　杨茹

搭建学生成长平台·量身定制职业课程

——中外合作办学背景下的 Future leaders programme

一、案例概述

爱尔兰都柏林大学始终期望在国际上与其他国家的合作伙伴建立良好关系,而作为中外合作办学项目创立的北京—都柏林国际学院(以下简称都柏林学院)将这个愿望变为了现实。该项目能够在多方面有力推动都柏林和北京两个城市学生间的相互交流,为中爱两国文化的传递打造良好平台。

在经济全球化与教育国际化的时代背景下,在都柏林学院中外合作办学项目的推动下,都柏林学院学生的职业生涯规划具有新的特点与挑战。

第一,学生进入大学后,由于社会经历、眼界等限制,大多还停留在高中汲取书本经验的学习方式中,理论联系实际能力、直接动手操作能力较差。而在国际化教育中,动手实践能力是对学生的基本要求,实践教学、参观体验等贯穿学生培养的各个环节之中。从重书本轻实践转化为理论实践并重,是学生面临的第一大挑战。

第二,都柏林学院绝大多数学生毕业后会选择出国深造或出国工作,培养国际视野、了解国际化企业氛围与需求、提高跨文化交际能力,是学生面临的又一挑战。

二、案例分析

(一)案例分析

这是国际化教育背景下,学生职业生涯规划问题。在中外合作办学特色及优势下,我们需要考虑两方面的问题:第一,如何发挥国际化教育背景的优势;第二,如何有效帮助学生进行职业生涯规划。于是定制职业发展服务提上日程。

(二)解决方案的理念及理论依据

1. 职业生涯规划教育的前移性

职业生涯规划教育不能在学生大三、大四的时候才开展,应当早启动、早深入。

2. 职业生涯规划教育的针对性

职业生涯规划教育针对性的前提是教师事先已基本掌握了学生的需求状况和学习心理,能够有效地设计好职业规划教育的措施和语言,做到实事求是、有目的地进行。

3. 职业生涯规划教育的社会性

职业生涯规划教育必须让企业最大限度地介入,提升教育实效性、时代性,满足地区经济发展需要和企业用人需求。

4. 职业生涯规划教育的家庭性

职业生涯规划教育是学生、学校、家庭三位一体的实施过程,家长的支持和融合可以为整个教育过程增加色彩与动力。

5. 职业生涯规划教育的延续性

职业生涯规划教育不能一蹴而就,也不是一朝一夕可以达到效果的,要长期持续、灵活多变,进而在潜移默化中帮助学生树立科学的职业观。

(三)解决方案

经过分析讨论,我选择与学生专业对口的企业,针对不同类型的学生需求进行高端定位,为学有余力、目标鲜明、能力较强的学生提供定制职业发展服务,提出"英才企培计划",即"Future leaders programme",旨在通过选拔、培训、参观、实习等环节,以多种形式为学生提供实践平台,助力学生职业成长。

项目主要针对大一学生,满足职业生涯规划教育的前移性;其次,计划中每一站的培训对象、培训目标、培训方式都各有不同,面向不同需求的学生群体开放,让企业直接选拔参与者,让学生切实感受企业选拔人才的流程与标准。我们还会与企业负责人共同定制符合学院学生特色的培训内容,进而满足职业生涯规划教育的针对性;再次,让企业参与职业生涯规划教育,不仅可以发挥企业服务社会的功能,还可以丰富职业发展教育的社会性;由于家长的积极参与和鼎力支持,使得学生不仅可以尽早规划自己的职业发展路径,更可以寻得外界支持最大化,获得家庭性的职业生涯规划教育。此外,该计划将持续贯穿大学四年,长期开展,并探索更加多元的合作、培训形式,让更多学生从中受益,满足职业生涯规划教育的延续性。

三、辅导过程

(一)辅导过程

1. 社会实践课程

第一期面向金融学专业开放,我们与渣打银行合作,量身制订社会实践课程。参与者由渣打银行直接面试选拔,培训内容由我、学院专业课教师、渣打银行专家共同商讨制定。整个活动为期五天,内容涵盖实际工作技巧培训以及团队合作能力的培养和提升。在这五天的活动中,学生们不仅可以参加由银行专业培训师讲授的金融和西方文化课程,还能亲身体验银行客户经理的工作,感受银行严谨而又人性化的工作氛围。培训尾期,我们还邀请学生家长参加了培训成果汇报会,家长们看到自己的孩子成长进步倍感欣慰,也感谢学院老师为孩子提供好的锻炼机会。家长的支持与理解,使我们的职业规划教育更加立体、充实。

2. 企业参观学习

第二期针对都柏林学院物联网工程、软件工程专业的学生开展。学生们参观了德国 SAP 中国分公司——全球最大的企业管理和协同化商务解决方案供应商。技术顾问为学生们详细讲解了公司的核心业务“SAP 企业管理解决方案”,围绕着“业务模式、人才需求、人才培养制度、ERP 软件相关技术、企业创新环境”等方面展开讨论。

第四期在西门子中国人力资源部校园关系部的大力推动下得以成行。西门子详细介绍了在中国的业务、企业精神、员工发展计划、科研创新机制、员工福利等。随后,我们把学生分为两组,先后参观了无线技术和物联网实验室、天工馆和工业业务领域全集成自动化展厅。

在参观无线技术和物联网实验室的过程中,该实验室的袁博士全程用英语介绍了无线射频识别技术及读码识别技术的研究情况,并与师生深度讨论相关技术特点。

3. 人格塑造教育

第三期主题为 DISC 个人行为风格测评及人格塑造。我认为将人格塑造教育与学业深度辅导并进,协助学生正确解读并传达信息,制定科学的学涯规划目标十分重要。第三期由爱立信(中国)通信有限公司——著名移动系统供应商人力资源部资深人格塑造讲师为学生授课。通过培训,学生们一方面提升了自我认知,更加清晰地了解个人特质、类型优势以及个性不足。另一面,大家也学习了 DISC 识别方法,帮助同学们克服自身性格缺点,提高待人接物的技巧性,塑造与人为善的性格特质。

(二)案例处理的效果

1. 学生——受益匪浅

参与学生表示大家有机会认识、了解并走进企业,不仅开阔了眼界,还真切体验到一名国际化从业者的工作环境。不少参与的金融专业学生表示大家享有了专向定制的企业培训实习平台,学习了更多金融知识和行业规则,了解到全球领先的金融衍生工具和资产配置平台,掌握了基本的市场分析技术和方法。与此同时,计算机类的学生也表示通过培训项目接触跨国公司的企业文化,深化了对专业知识的理解及专业知识的具体应用,帮助明晰学习方向,加深了对团队合作和团队精神培养的理解。

2. 家长——赞不绝口

项目得到了学生家长的广泛热议与好评,家长们不仅现场聆听了学生的演讲,还可以作为模拟客户真实感受孩子的角色扮演。家长们看到自己的孩子成长进步倍感欣慰,也感谢老师为孩子提供好的锻炼机会。家长的支持与理解,使我们的职业规划教育更加立体、充实。

3. 学院——人才展示

这是学院向社会高端企业展示教学实力、人才培养成果的崭新窗口。通过学生参与培训,与企业经理人近距离接触,学院不仅可以扩大作为中外合作办学机构的社会影响力,还能够满足企业服务社会、引进人才的功能需要。学生们表现出的敏捷思维、开放价值观以及较强的英文交流能力也可以得到企业高度认可。

我们还会将这个项目继续深化下去,进一步加深扩大这项活动在职业生涯规划辅导实践过程中的核心力和影响力。

四、经验启示

1. 开展中外合作办学背景下的职业生涯规划辅导。要应对经济全球化和教育国际化趋势,促进高等教育和区域发展的密切结合,要尽量本着区院合作、共同发展的原则,建立双向服务、合作共赢的战略关系。

2. 职业生涯规划辅导要有针对性。可以酌情针对学习成绩佳、工作能力强、人际交往好的学生群体高端定位开展,让这部分学生"先富起来",通过学生之间的口口相传,把培训的精髓自主传播出去,通过企业选拔参与者的竞争模式激发学生的成长动力。

3. 明确校企合作内容。我们要与企业明确合作内容:即人才培养和区域发展。学校或学院可选派优秀学生到企业进行挂职锻炼、参加志愿服务、参与社会调查等社会实践活动。同时,我认为学校或学院为了维持长久稳定的合作关系,也要为企业提供良好的回馈,例如可以根据企业发展需要,集成双方优势资源,广泛推进区域国际化发展、现代服务业发展等方面的课题研究;针对不同研究事项,双方可联合相关合作单位,共同研究合作平台搭建、机制建立和推进方式等。

4. 建立校企合作机制。为保证校企双方合作顺畅、高效,双方应当建立合作机制,指定主管领导负责此项工作,并由双方相关同志共同组成工作小组,负责合作事项的组织实施。建立双方领导定期沟通和工作小组日常联系机制,根据实际需要展开工作。

专家点评:

在经济全球化和教育国际化趋势下,如何培养具有全球视野和国际竞争力的人才是我国高等教育所面临的重大挑战。中外合作办学作为近年来高校积极探索多元化教学的新型模式,其积极作用和存在问题都有研究的必要。如何培养学生的全球化视野、了解国际化企业氛围与需求、提高跨文化交际能力?如何做出合理的职业生涯规划,在竞争压力与日俱增的市场中充分就业、成功就业?成为摆在中外合作办学项目面前的重要课题。本案例通过对北京工业大学中外合作办学项目——都柏林学院在职业生涯规划教育中的积极探索,完全可以总结出既体现国际化背景又符合中国国情的大学生职业生涯规划的设计方案,为高等教育改革和发展及人才培养模式创新提供可借鉴的经验。

虽然在大学教育中,要不要有职业规划教育还存在着不同的观点甚至是争议,但无论是本科生还是研究生最终都会走向人才市场、面对求职择业的激烈竞争,特别是中外合作办学项目的学生都会有着更加迫切地证明自己的愿望,因此,职业规划教育不是我们想不想要的问题,而是能不能做好做强的问题。特别是要做到“学生——受益匪浅”“家长——赞不绝口”“学院——人才展示”的各方都认可、大家齐抓共管的局面,更是有赖于统筹谋划、关口前移、校企合作、机制顺畅的运作模式。当然,更为给力的是著名的跨国公司的参与和国际化的培训内容增强了职业的吸引力和感召力,为职业规划教育提供了非常高的起点和可靠的保证。

不过,在职业生涯规划教育中如何加强系统性、层次性、规范性研究,是保证本科四年教育不断线的关键。在对学生进行求职择业教育过程中,如何加强正确的择业观教育、调试好学生在择业方面的价值追求和合理的心理预期目标,也是职业生涯规划教育成功与否的基本考量,是人才培养合格与否的重要判断标准。

北京工业大学人文学院党委书记　杨茹

做有责任感的学生干部

一、案例概述

学院心理资讯部是院学生会下属的一个学生组织，每年的心理健康宣传月都由该部来负责相关活动的组织和宣传。在今年的宣传月活动中，代表学院参加学校的脱口秀大赛，准备的时间充足，但交上来的作品却很简陋，无法代表学院参赛，其他的几项活动也都没有在学院宣传推广开。心理资讯部成立以来，从来没有出现过这种情况，这是第一次代表学院却敷衍草草完成的一次活动。

二、案例分析

(一)案例分析

究其原因在于学生干部的责任心和工作经验问题，是在学生成长过程中常见的问题，它关系到一个学生组织该具有什么样的核心精神，该如何传承和发扬朴素的扎实作风，学生干部该怎样培养自己的责任感。从表面看是学生对布置工作的不重视,没有认真完成,但从深层来分析,说明该部门的部长对此没有一个正确的认识,内在缺乏对所承担活动责任的认识,不知道该传承什么样的部门精神,不能每一件事都全力去做,做到自己的最好。这样的学生干部会影响到今后学生组织的良好发展,必须加以纠正。但纠正其做法,不是简单的训斥和指责,而是要通过谈话交流从内在令其发现自己该承担的责任,唤起学生的自我驱动力。

(二)解决方案

对待学生工作的不认真和敷衍了事,应该遵循查找其内在心理动机的原则,找到问题的根源所在,再通过有效的方式使其认识到不足,进而在以后的工作中得到修正。对于学生部门的负责人,更应考虑学生干部所承担的传承作用,责任感的培养十分重要。因此,提醒学生肩负的责任,从内在产生强烈的责任感,是教育的目标所在。

三、辅导过程

看到心理资讯部交上来的作品,我没有第一时间去找该部的部长小尹,而是等了几天,等到学校评选出了获奖作品后,我把链接通过微信发给了他,并且告诉他,看一看我们的作品跟这些获奖作品的差距,有什么想法。他立刻回复了一句话"确实是,他们录得太仓促了,我应该让他们提前准备的"。这个回答我没有再回复,我想考察一下他是否能主动来找我说这件事,还是就这样承认一下错误就过去了。

但是,三天过去了,他还是没有来找我,我直接找了他。小尹进办公室坐下后我问他:"知道我为什么要找你吗?"他以为是有新的工作,依然不觉得那么应付了事的做法有什么大问题。我知道,对代表学院参赛这件事他并没有上升到一个应有的高度,在他的心里缺乏集体荣誉感,集体归属感还不强,对自己应该承担的责任缺乏清晰的认识,这对于一个学生来说非常可惜,对于学生干部来说更是一个短板。

我问了他一个问题:"你理解这个作品交上去是代表个人还是代表学院的?"他说:"是代表学院的"。我接着问:"既然是代表学院,我们该展现最好的自己吗?"他说:"是"。由此,我让他自己客观地评价一下,这个作品能作为学院最好的代表吗?大家看到后的反应是认为个人不行还是对学院整体都会有不好的认识。对于后面这个问题,小尹停顿了一下,说没有想那么多。

我知道,他的最初概念只是需要完成一项任务,而这个工作又不在学院里面进行,所以不用那么投入认真对待。但是,这个认识缺乏深度,缺乏对自己承载的责任感的认同,这必须让他认识到。我郑重地告诉他,所有代表学院的事情,都不再仅仅是个人行为,而是具有了一个整体的象征,因此,就有了更大的责任,我们需要时刻记住这一点。他点头同意,检讨自己没有好好布置,没有认真对待。

我认为,只是就事论事,学生都能知道自己做得不好,也会检讨,但是,更深层次的原因不在这里,教育的目的也不能仅仅停留在这里,责任感的树立更为重要。为了让学生深入懂得自己所应具有的责任意识,并且能够作为一个良好的品质传承下去,成为一个学生部门的核心思想,我再次严肃地对小尹说:"心理资讯部代表学院参加比赛,不是第一次了,每年都有,每年也都体现了我们的最好水平。但是今年,你们这么不负责任地对待工作,影响了学院的整体形象,也没有发挥学生组织培养锻炼学生的作用,因此我考虑明年你们是否还有资格来承担这份工作和你们这个部门是否还有必要存在的问题。这不是一个人的事,是关系到整个部门的表现,如果之前你没有想到这一点,那么现在你要好好去思考这个问题了。"之后,我让他回去跟另外两个副部长一起商量清楚，到底今后还要不要存在心理资讯部，明年怎么办，然后三个人一起来汇报这件事。

第二天下午，三个学生干部一起来到我办公室，都神情严肃，一改往日的轻松与活泼。可以看出，这件事确实对他们产生了震动，三个人一定互相做了检讨和反省。果然，坐下后，小尹先说这次主要是自己的错误，是认识上的不足。接着，那两个学生干部也分别检讨了各自的问题，没有一起商量，没有分工合作等。最后，他们希望我给心理资讯部一次机会，明年会好好完成任务，为学院争光。

按照常理，事情到此也可以告一段落，但是，我希望的是学生组织的责任感能够一届一届传承下去，所有的学生干部都能够知道，作为负责人，既然承担起为集体、为学院工作的责任，就要在工作中全力投入，努力带领大家做到最好。唯此，才能使学生组织发挥它培养学生、教育学生的功能，也才能让学生干部个人在工作中得到成长。

因此，我提了一个问题，一个部门应该传承什么？什么是一个学生组织应该具有的生命力？他们三个人想了想，提出了很多需要的品质，如认真、团结协作、付出等。的确，这些都很重要，但是，他们忽略了一个学生组织肩负的责任何在，而传承这样的责任感才能超越个人，才能真正体现我们的教育目标。

我给他们三个人布置了一个工作，想一想到底应该怎么理解这个问题，怎么在部门的管理中体现这一点，又怎么把这个传递给下一任部长。在学期末的总结会上，我要听部门今年的工作得失分析，以及下学期的工作设想。

三个人离开之前，小尹诚恳地对我说："老师，我在当部员的时候和现在当部长，都没有学院整体的意识，也没有想过这个责任，我是太不合格了。我一定会好好反省，给下届的学生强调这一点，一定把心理资讯部带好。"听到这番话，我欣慰的同时也有一点自责，没有及时关注学生的状况,应该把这个认识在每一届都进行强化,这是我的疏忽,在今后的工作中一定要着力加强。

四、经验启示

辅导过后,我进行了认真的分析与总结。成功之处在于我抓住了教育的根本作用是唤起内在的动机,而不是通过外在的强加来达到目的,这个理念对所有的学生教育都有意义,也是我在多年的工作中总结出来的感悟。具体来看,有以下两点可以借鉴:

1. 不是简单的批评,而是提出问题让学生自己去反思

不要直接告诉学生应该怎么做,而是给他们一个思考的过程,等待他们自己去发现问题的根源,找出答案,这样才能起到教育的作用。

2. 对问题的解决,不能停留在事情表面,而要考虑到延续的作用。

如果只是就事论事来解决问题,还是不够深入,对于这类会对下届学生产生影响的事件,必须上升到一定高度来处理。这是一个很好的让学生变得更加成熟和发展自我的机会,不能错过。

专家点评:

党的十八大报告中指出:要"培养学生社会责任感、创新精神、实践能力"。在思想教育方面首先提出培养社会责任感,可见党和国家对青年人的责任和担当问题的重视。责任包括对家庭的责任、对他人的责任、对社会的责任、对国家的责任。梁启超说过:"故今日之责任,不在他人,而全在我少年。"由此,"少年强则国强"的说法也就传承了近百年,这里强调的正是对国家的责任。对国家的责任是建立在对家庭、对他人、对社会的责任基础之上,当然也包括对自己的学校、班级、社团等。这种责任感的教育又是需要时时记起、事事用心的,通过典

型事例抓住时机进行的。本案例正是在学生没有予以充分重视的集体参赛项目出现纰漏时,教师敏锐地抓住学生所反映出的责任意识淡漠的问题上进行教育的当口展开的。教师首先用呈现出的后果即未获得相关奖项提示学生责任淡漠会造成的损失,是摆事实的教育思路。然后当学生"依然不觉得那么应付了事的做法有什么大问题"时,老师就不仅是讲道理了,而是把不负责任的后果与个人和部门的生存联系起来,终于触动了学生的内心。接着老师又锲而不舍地层层分析,引向深入地把对集体的责任、精神文化传承的问题充分展示出来,真正做到了大处着眼、小处着手,使学生受到了十分深刻的责任教育。教育不是只讲大道理,教育是和学生的学习、生活紧密相连的,只有这样才能有说服力,才能直击人心、留下深刻印象,也才能把党和国家的要求体现在日常的思想教育之中,达到以小见大、见微知著的效果。在这里,教师的思想境界和教育理念、教育方法都必须是紧紧跟上时代的要求,敏锐发现问题和问题背后应该着力进行教育的方面,才能达到教育的目的。

北京工业大学人文学院党委书记　杨茹

加强学生干部培养　助力精彩人生

一、案例概述

小 D 学习认真、努力，成绩优异，在班里担任团支部书记职务，工作踏实，得到辅导员与任课教师的认可。

大二时由于工作表现突出，被辅导员推荐到系里担任团总支书记。任职不到一个月，辅导员找到系主任说："小 D 不适合做团总支书记，他带学生去活动时，说了一些学生干部不应该说的话。而且，布置工作任务时，有些事情讲不清楚。"

我找小 D 了解情况，他觉得此次活动中自己的言行正常，没有说过不适合的话。另外，在布置工作时，自己讲得很清楚了，没听懂是别人理解的问题。

二、案例分析

（一）案例分析

通过了解，小 D 在工作当中确实存在问题，帮助小 D 认识到自己工作中的不足，及时弥补不足，改进工作方法，提高工作质量是首要任务。他在班内担任团支书职务，做的工作都是上面布置的任务，完成得很好。但在团总支书记职位上，由于工作职务的变化，需要他设计并向下布置工作，二者的工作角度、性质是不同的，责任更加重大，因此对小 D 的要求更高，需要他及时提高工作技能，转变工作思路与方法。小 D 存在的问题，主要由于缺乏足够的锻炼，工作能力欠缺，工作方式和方法有待提高，以及由此带来的人际交往问题。这些问题如果不及时解决，将影响工作的顺利开展及小 D 的自身成长。

（二）理论依据

学生干部的健康成长，既需要理论学习，也需要实际工作的锻炼，在实际工作中注意对学生能力的培养，让他们在实际工作中锻炼成长，是培养学生干部的重要途径。

学生干部在实际工作当中必须培养自己的工作能力。这其中涵盖面很广，如洞察能力，对人对事的观察、分析与判断、科学决策的能力；恰到好处地把握果断性与正确性的矛盾协调能力；既统筹兼顾、求同存异，又能做到不偏不倚的控制能力，包括对形势发展与局面的把握能力（尤其是组织大型活动的控制场面能力），组织调度能力和对自己的控制能力即自制能力，应变能力；工作的灵活性和对环境的适应性，以及应对突发事件的能力，操作能力；克服眼高手低的现象，提高动手的能力、实践能力；集思广益、综合归纳、融会贯通的综合能力和清楚、准确、得体的书面、口头表达能力等。

三、辅导过程

1. 与辅导员进行交流。小 D 是他极力推荐到系里担任团总支书记的,如遇到点问题就把他免职,对小 D 是不小的打击。可能会出现消极情绪,影响其工作或学习。经与辅导员商定,给小 D 一个月时间,如工作上没有改变,由系里出面调整他的工作。

2. 与小 D 聊天,详细了解情况。肯定他之前在学习、工作中取得的成绩,聊他的日常生活等。

小 D 家庭条件优越,父母都在私企担任领导。因工作性质,父母常因工作原因在外应酬,很少与他交流。小 D 是听话的孩子,平时很少和同学出去玩耍,也不爱上网打游戏,有时间就在家里书房看书学习。

根据以上情况,我首先布置给小 D 一项工作任务,让其回去写方案,两天后来汇报情况。两天后小 D 将方案带来,方案很详细完整,我让其给我讲方案内容,让他把我当作学生去布置这项工作。在讲述过程中,小 D 未能将活动方案很清晰地描述出来,任务安排也较混乱。他觉得自己明白,别人听着也应该很清楚了。我按照他的方案,将他对我说的话复述了一遍,问他如不是设计方案者,能否完全理解。他似乎意识到自己工作的不足。稍后我们一起分析了这种情况产生的原因,一是角色不同,之前是听众,现在是说者、工作的布置者,要求较高,要想得更加周全,说得详细全面;二是过于自我,不经常与人交流,缺乏与人交流沟通的经验。

其次在以后的一个月内,每次小 D 开会布置工作任务,都让其提前找我,给我先讲一遍,我给他提出问题,并帮之解决。

最后,与其父母联系,告知小 D 在校表现优秀,学习成绩优秀,工作表现良好。希望父母多与之交流,增进父母感情,了解小 D 情况,给予及时的成绩肯定。

经过一个月的深度辅导,观察了解小 D 的变化,辅导员觉得小 D 在工作方法上大有改进,工作能力有所提升。并且感受到了小 D 慢慢和更多同学接触,能一起玩耍了。

一年多的团总支工作使小 D 变得成熟、稳重。工作计划写得更加合理,工作布置井井有条,带领团队取得多项荣誉,得到了老师和同学们的认可。

四、经验启示

在学生干部的培养和使用过程中,经常遇到一些类似的问题。一方面是如何提升学生干部的能力,另一方面是如何帮助学生干部做好工作。大学学生干部的能力素质包括很多方面,其中最主要的需注重以下几方面能力的培养:

一是注重组织能力的培养。学生干部要把性格各异、素质不同的同学组织起来,合理安排,充分调动每个人的积极性,把他们协调起来,团结互助,拧成一股绳,为共同目标的实现而努力,保证决策的实施,这就需要有较强的组织能力。要做到这一点首先要善于思考,要思考如何开展工作,怎样才能干得更好,这样才能在工作中不断改进和提高自己。

二是注重决策能力的培养。决策是领导行为的基本功能,领导行为的效果,依赖于决策的性质。学生干部应根据学校布置的中心工作,结合本部门或本系、本班、本小组的特点和具体工作的实际情况,找出关键问题所在,权衡利弊,及时做出有效可行的决策。

三是注重分析、判断能力的培养。学生干部面临的工作往往是纷繁复杂的,这就需要提高自己分析各种信息的能力。特别是对当前学生中存在的各种思潮、表现的各种行为要明辨是非。没有正确的分析和判断,就没有正确的决策,也就没有正确的领导行为。

四是注重沟通协调能力的培养。工作的过程是人与人有效交往的过程,是心与心的碰撞和交流的过程。良好的沟通协调能力,如同润滑剂一样可使学生干部和同学以及其他组织和群体建立密切的关系,为开展各项工作创造一个宽松的外部环境,扩大视野,开拓思路,做好各项工作。

五是注重创新能力的培养。学生干部能不能干出特色,能不能超越自我,超越别人,根本的区别是有无创新能力。表现在工作中是能不能提出新见解、新方案,能不能打开新局面。如果学生干部因循守旧,一切按老规矩办事,那么一切都可能是老样子,失去生机和活力。

在本案例中,学生干部表现出工作能力及与人沟通能力的欠缺,因此,要有针对性地帮助他提高能力素质,帮助学生在人生路上续写精彩。

专家点评:

小D学习认真、努力,成绩优异,在班里担任团支部书记职务,工作踏实,得到辅导员与任课教师的认可。但是,小D在新的学生干部工作岗位上,出现了对岗位认识不足,能力不足等问题。面临被免职的可能,对小D是不小的打击,可能会出现消极情绪,影响其工作或学习。老师了解到这一情况后,准确地将问题定位于学生干部成长,辅导过程针对性强,方法得当,效果显著。针对学生干部能力培养问题,提出了组织能力、决策能力、分析判断能力、沟通协调能力、创新能力等五方面的培养方法,值得借鉴。同时,建议在学生干部培养过程中,加强思想道德素质和自主学习能力的培养。

北京工业大学党委研究生工作部部长　高学金

培养本科生优良学风与科技创新能力的新思路

一、案例概述

班级作为大学的基础单元,是高校人才培养中不可忽视的重要环节。班主任在大学生知识学习和创新能力培养方面负有重大责任。我通过对自身班主任工作的经验总结,期望可以为新时期大学本科班主任的人才培养工作提供有益的参考。我在担任交通工程本科100461班班主任的四年时间里,根据学生发展的特点,将本科学生的学风和创新能力的培养工作划分为三个阶段,在不同阶段开展了相应的工作,形成了本科学生培养三阶段的思路和方法。

二、案例分析及解决方案

第一阶段是新生入学的适应时期(第一学期),是学习方法和生活的适应阶段;

第二阶段是新生适应之后的成长时期(第二学期—第四学期),强化学风建设和提升科技创新能力;

第三阶段是巩固期(第五学期—第八学期),大学期间专业学习最集中的时期,是对本科生完成学业冲刺的重要时期,也是迈出职业生涯规划的关键一步。

根据每个阶段学生的特点,我分别开展了不同的工作。

三、辅导过程

1. 第一阶段——适应时期(第一学期)

由于本科学习的内容和方式与高中时期存在较大差别,这一阶段大多数本科生都存在着生活和学习等多方面的不适应。来自全国各地的高中生学习基础不同,学习成绩会有较大差别,导致部分新生会遇到学习困难的情况。如果缺乏学习态度和学习方法等方面的辅导,就会出现班级中学习成绩两极分化的现象。因此,这一阶段,我的主要工作都围绕着怎样使新生尽快熟悉新的生活学习环境,顺利地完成从高中生向大学生的转变。

我的具体做法是:

(1)尽快熟悉新生:细读新生档案,包括每位新生的特长、爱好以及家庭情况等具体信息,做到心中有数;记住新生的名字和照片,争取迅速熟悉新生,缩短与学生的心理距离。

(2)选拔班干部:学生干部是班主任联系学生的纽带,在引导班级舆论和增强班级凝聚力等方面发挥着极其重要的作用。在学生相互熟悉之后的班会上,进行公开的自荐和民主选举,并根据每名班干部的特点,进行细致的分工,最大限度地发挥班委会的积极作用。

(3)了解新生表现,引导学生学习:及时深入学生当中了解每位新生的学习状况,对个别新生出现的生活和学习环境的不适应等情况进行有针对性的指导。

2. 第二阶段——成长时期(第二学期—第四学期)

在第二阶段中,我主要围绕着班级学风建设和学生科技创新能力提升两方面开展工作。

班级学风建设方面:坚持“抓两头、带中间”的班风、学风建设方法,充分挖掘学生学习潜能,积极引导学生进入学习状态,激发学生的学习动力。开展学业辅导活动,主要是请学长、各科课代表来讲述各科的学习方法,针对不同的问题进行具体分析。召开学习经验交流会,先请获得学习优秀奖的同学对专业课程难题一起探讨,得出相应结论后在集体自习时间与全班分享。此外,针对不同学习水平的学生,也需要采取不同的做法。

对于班级中处于平均学习水平的学生,我主要做了以下工作:

(1)通过听课和与任课老师沟通等方式,切实了解班级的学习情况,杜绝作业和考试抄袭现象;

(2)由学习委员每周记考勤,我和学生干部针对主要问题讨论解决方案,并在班会上通报出勤情况及问题解决方案;

(3)组织集体自习,由学习委员带领全班同学一起自习,时间是每周日晚上 19:00-21:00,地点在第一教学楼;

(4)在班会上对学习优秀的学生进行表彰。

对于学习困难的学生,我主要做了以下工作:

(1)思想方面:保护学生的自尊心,对他们身上的“闪光点”及时肯定,及时表扬,尊重他们的人格,找到转化的“突破口”,使他们对老师、同学产生信任感和亲切感,增强他们的上进心;

(2)学习方面:积极响应学院制定的一对一帮扶辅导计划,要求不及格门次达到两门以上的学生必须参加,安排学习优秀的学生进行一对一帮扶,对其进行有针对性的辅导。

科技创新能力提升方面:大学生科技竞赛有着日常教学无法起到

的特殊教育功能，对培养学生创新能力、精细人才培养过程、提高教学水平，具有独特的、不可替代的作用。我充分利用专业课教师兼任班主任的优势，积极为学生介绍各类科技竞赛平台，激发学生科技创新思维、提升学生科技创新能力，构建大学生科技创新能力培养新模式，建立长效的科技创新能力培养模式。

我的具体做法是：

(1)坚持以国家、北京市和学校的“交通科技大赛”“环保科技大赛”和“建模大赛”等科技活动为载体，以班委会为组织保障，通过评选“班级科技创新新星”等方式，选拔出班级中的科技创新竞赛带头人，再由科技创新新星分别联系对科技竞赛兴趣的同学组队。

(2)发挥自己是交通专业教师身份的优势，为班级组织丰富的科技报告，并根据各科技竞赛小团队的科研特点，帮助感兴趣的同学联系对口的专业课老师，请专业老师提供相关的科研课题，为学生创造参与科技创新活动的条件。

3. 第三阶段——巩固期(第五学期—第八学期)

这个阶段是大学期间专业课程学习最集中的时期，是本科生完成学业冲刺的重要时期，也是迈出职业生涯规划的关键一步。但在这个时期往往容易产生懈怠情绪，因此，在此阶段工作的重中之重是引导学生如何继续保持学生良好的学习风气，并不断提升科技创新能力。

针对这个阶段的特点，我主要做以下几方面的工作：

(1)树立终身学习的理念。采用开班会、“我的理想”等主题的演讲比赛、“学长经验交流会”等形式继续强化巩固良好的学习风气，让学生体会到科技、知识的力量，树立终身学习的理念；

(2)引导学生端正就业、择业态度，确定目标，合理做好人生规划。了解本专业的社会职业，了解就业形势，提早做就业准备，及时引导学生强抓落实，坚定学生追求理想的信念；

(3)传递榜样的正能量。经过不懈努力,交通工程本科100461班的学风建设和科技创新能力培养均取得较好成绩,获得了北京工业大学“十佳班集体”荣誉称号。学风建设方面,全班加权平均分达到81.34分,一次通过率达到96.7%,班级34人中有29人通过国家英语四级考试,在全校同年级班级中处于较高水平;科技创新方面,班级中有6人次获得包括“全国交通科技大赛”等在内的国家级竞赛奖励,11人次获得北京市级竞赛奖励,20人次获得北京工业大学校级竞赛奖励,并有15名学生在校、院各类科技活动组织中担任职务。

四、经验启示

(一)把握学生思想动态,促进学生转变观念和思维方式

本科阶段是大学生的关键时期,也是思想观念变化较大的时期,班主任应当及时了解、掌握他们的思想动态,正确地加以引导,顺利地实现不同阶段的转变,形成好的学习方法和思维方式,不断提升自身素质和能力。

(二)激活竞争管理机制,发挥榜样引领作用

由于每个人的学习习惯、学习能力等的不同,产生了不同的学习效果,组织学生及时分享学习经验,促进“以优促优、以优出优”,树立学习榜样,建立奖励机制,强化主动竞争意识,鼓励参与学术竞赛活动,营造崇尚学习风气,提升科技创新能力的氛围。

(三)总结反馈实施效果,具体问题具体分析

没有万能的方法,只有适合的方法才是最好的方法。班主任应当

不断总结实施效果,及时反馈。对于不同的事情和不同的学生问题具体情况具体分析,切勿“一刀切”,做到因材施教。

专家点评:

班主任老师充分认识到自身在大学生知识学习和创新能力培养方面负有重要职责。根据学生发展的特点,将本科学生的学风和创新能力的培养工作划分为三个阶段,形成了本科学生培养三阶段的思路和方法。第一阶段,加强对新生的引导,适应大学生活,端正学习态度,掌握学习方法。新生拥有端正的学习态度至关重要,班主任应因人施策。第二阶段,做好班级学风建设和学生科技创新能力提升工作。在班级学风建设方面,坚持“抓两头、带中间”的建设方法,该方法取得很好的效果,从心理学角度分析,每位同学都希望得到老师的关注和指导。第三阶段,正如班主任老师所言,是大学期间专业课程学习最集中的时期,是本科生完成学业冲刺的重要时期,也是迈出职业生涯规划的关键一步。班主任抓住了学生在该阶段容易产生懈怠情绪的特点,采取了有效的措施,取得了很好的效果。综上所述,班主任老师的工作方法值得借鉴。

北京工业大学党委研究生工作部部长　高学金

在新生中以班风建设为切入点加强学风建设

班级是大学校园的基本单位,学生的学习、生活、娱乐都与它有着密切联系。班风是指一个班集体的风气、作风。对外它是班集体的形象,对内它是一种氛围、一种无形的力量,班风对学生有显著影响。良好的班风是良好学风的重要保证,只有班风正才会学风浓。

新生是大学的特殊群体,他们刚刚从高中进入大学,要面临对陌生环境的适应,学习方法的调整,离开家乡和父母的心理调适。大一是他们大学学业起步的一年,他们自认为时间相对充裕,校园活动比较丰富,但是“好的开始是成功的一半”,大一学习对整个大学四年,乃至整个学业都有重要影响,因此在新生中培育良好班风学风,能使新生缩短学习适应期,建立学习信心,树立学习目标,取得良好成绩。

一、案例概述

机电学院13级测控技术与仪器班级,由22名活力男生与12名魅力女生共同构成。班级从成立伊始,班主任就强调班风建设的重要性。但经过学期之初的新鲜期之后,逐渐发现有些同学学习劲头不足,经常可以看到有些学生在课堂上精力不集中,低头玩手机或是迟到早退的现象。部分同学学业、职业规划不明确,考试只为混个及格,男生玩网游的现象比较普遍。

二、案例分析

上述现象在很多班级都有所存在。主要原因是:

1. 学习目的不明确

部分新生缺乏明确的、正确的学习目的,部分同学是为家长而学习,把满足家长的期望和要求作为唯一目的,所以学习要求不高,只要家长不责骂就行。还有部分学生把学习成绩与能否获得奖学金等荣誉联系起来,在学习上急功近利,不讲究真才实学;有些学生学习只是为了多拿几张证书,为将来就业打下基础。学习目的不明确直接导致学习动力不足、学习效果不好。

2. 学习目标不清晰

许多新生在中学读书的目标就是为了考取大学,而进入大学校园后认为自己的奋斗目标已经实现了,他们的思想马上松懈下来。对"为什么学,学习什么,毕业后做什么"的问题认识模糊,没有明确的学习目标,缺乏持久的学习动力。再加上中学时有少数老师和家长为了让学生有更强的考取大学的愿望,将大学描绘成自由、娱乐的天堂。综合这些因素,于是学生便出现学习纪律松弛,上课迟到早退,随意旷课,课前不预习,上课开小差,课后不复习,临考抱"佛脚"的现象。

3. 学习方法不科学

从中学到大学,教学模式、教学方法的改变要求学生的学习方法也要随之而变,即由被动听课向主动学习转变;由应试型学习向研究型学习转变;由受约束的学习向自主学习转变。新生刚开始往往照搬高中阶段的学习方法和学习习惯,造成学习被动,学习的积极性受挫。

通过平时与学生沟通了解到,有的同学平时根本不怎么学习,只是到要考试时才突击一下;有的同学常常通宵达旦地上网玩游戏、看小说;还有的同学从来都没有仔细想过学习的问题,也没有认真思考过如何选择正确的学习方法。

4. 校园外环境的影响

当今拜金主义、享乐主义、功利主义等不良社会风气和思潮已经逐步渗透到大学生中,对大学生的思想观念、道德观念和价值观念造成了冲击。受不良社会风气的影响,部分学生的学习带有强烈的功利主义色彩,只为了将来可以找一份好工作而混一张文凭,在学习上只求“六十分万岁”。

网络带来的影响。随着网络的普及,非主流文化的网络文化在高校校园里传播并深刻影响着大学生;网络游戏的盛行给大学生带来了直接影响:很多学生自制力差,不能严于律己,沉迷于网络游戏不能自拔,出现了逃课、夜不归宿等现象。

三、辅导过程

新生对校园既新鲜又陌生,远离父母和家乡,容易产生孤独、寂寞、恐惧等情感体验,对班集体有依赖感和归属感,班集体是新生的心理家园,班集体的学习风气、学习氛围对每位新生的学习心理影响巨大。针对班级及班级同学的特点,2013 级测控技术与仪器班级在班集体营造“人人爱学习”的学习氛围,对每位同学有强大的带动作用。通过“榜样的力量”“暴走三环”“怒骑 80 公里”“畅快读书会”和“班主任的生日礼物”等特色活动形成良好班风。我从以下四方面着重开展工作:

1. 培养素质高、能力强的班级学生干部队伍

学生班干部是班级的正式团体，是班级工作的主体，又是客体，既是教育者，又是受教育者。优秀的班级学生干部队伍可以形成一个坚强的领导核心，是建设良好班风的重要条件。班干部、团干部、学生会干部及党员、团员是班集体的先进分子，同学的学习态度取决于班级良好学风的形成，而班风受学生干部及党员、团员学习带头作用的影响。他们是同学中的榜样，在学生中有一定的威信，学生干部的学习态度学习成绩会成为新生同学心中的风向标。如果学生干部学习差，会形成负面影响。因此选拔任用学生干部，是要以学习好为首要条件的，形成班级群体对良好学习成绩的认同意识，激发学习的内在驱动力，从而培养浓厚的学风。

2. 辅导员班主任科学引导，引入竞争机制，培养浓厚学风

培养浓厚的学风，首先要求辅导员班主任和专业教师进行科学引导。引导不是枯燥的说教，而是通过多种生动活泼的活动，使学生深刻感受到科学知识的重要性，学习的紧迫性。引入竞争机制，开展班级之间和班级内部的竞争。竞争产生的优胜劣汰，能有效刺激与促进竞争者的责任心和学习热情。一般说来，学生都希望自己所在班级在竞争中取胜。这样能激发学生强烈的成就感和责任心；又会增强自己和班级全体同学克服困难的勇气，培养不屈不挠的精神。

3. 青年专业教师担任班主任，强化专业思想教育，指导学生科学学习

专业教师的言行举止、学者风范对新生有极大的影响。在新生的心中，教师是楷模，是榜样，是学生崇拜的对象。青年专业教师有精力、有热情、有专业知识的优势，而且容易融入到学生当中去。青年教师担任班主任，给新生以专业学术熏陶，让学生感受学术的魅力，强化专业思想教育，对形成良好的班风学风将起到重要作用。同时班主任

与同学共同探讨大学学习方法,通过授之以渔,教给学生正确的学习方法。

4. 鼓励班级开展社会实践活动

适量地组织大学生走出校门,通过专业参观、社会实践、调查等让大学生触摸时代的脉搏,认识到自己肩上的重任,自觉地把个人的命运同国家、人民大众的命运联系起来。学生在参与活动的过程中可以发展认知兴趣、激发求知欲望,巩固和加深已学过的知识。

在2013级测控技术与仪器班的班主任老师、辅导员、班干部和全体同学的共同努力下,齐心协力,逐渐凝聚形成了一个团结友爱、奋发向上的集体。在团结凝聚班风的影响下,班级同学学习刻苦努力。班级获得校十佳班集体、先进班集体、优良学风班、优秀团支部等荣誉称号。

四、经验启示

班风建设是高校校风建设的重要内容。优良的班风和学风是提高教学质量、建立良好校风的重要条件。作为刚刚升入大学的大一新生,更应该有一个优良的班风做保障。以优良的班风促学风,不断激发学生学习的积极性和主动性,营造一种勤奋努力、积极进取的学习氛围,培养出更多高水平、高素质的人才。

专家点评:

班主任老师深入论述了班风和学风的关系,针对新生班存在的不良班风和学风,分析得出存在四个方面的原因,进而提出在新生中以班风建设为切入点加强学风建设的方案。班主任分析得出的原因切中要害,包括学习目标不明确、学习方法不科学、受网络影响大等。主要从四方面开展工作，即培养德才兼备的学生干部，这对于建设良好班风学风非常重要；辅导员班主任科学引导，激发同学们的学习热情和奋发向上的竞争意识；充分发挥思想政治教育的作用，端正学习态度，掌握科学的学习方法；开展社会实践活动，增强同学们的社会责任感。该方案对于新生班主任具有很好的参考价值。

北京工业大学党委研究生工作部部长　高学金

“为人与处事”成长主题班会

一、案例简介

在教学主楼一层电梯处,许多学生、老师正在等电梯。多数学生背着书包、画夹,手里拿着早点,有的吃、有的喝,相互间说着、笑着,有的还打闹着。当电梯的门缓缓打开的霎时,学生们蜂拥而上,前面的往里冲,后面的往前挤,还有一位同学几乎是哀求地说:“往里点,往里点,让我也上去,”根本没有注意站在他们旁边也在等电梯的几位老师。

本来想快速上楼,查看一下学生到课情况,但此时我却下意识地停下了脚步,向电梯口望去,看到了快要随着人流拥入电梯的老师,被学生挤到了一边。这时电梯超载的报警声刺耳地叫了起来,电梯的门关不上,走也走不了。电梯里的同学着急地提醒:“超载了,超载了!”但没有一个同学主动地走出来,即使是最后上去、站在电梯门最边上的同学也是如此。被挤在一边的老师脸上的表情显得很无奈,转身向楼梯走去。

二、案例分析

(一)分析诊断

这番情景引起了我的思考:

1. 这是日常生活中的个别现象,还是一种常见行为?

2. 这种现象的主因是学生的无意识,还是根本不懂得爱友尊师?

3. 作为一名大学生辅导员,我们如何针对这种现象进行思想教育、引导学生行为?

现在的大学生多为独生子女,无论是在城镇长大,还是在农村长大,绝大部分学生从小被父母溺爱,被家人宠爱,是祖辈和父辈的掌上明珠,由此形成了他们以自我为中心,注重个人的得失,忽视他人感受的状况。如果说,呈现在我眼前的挤电梯的这种小事情,是学生们无意识的行为,那么连小学生都懂得“排队上车”的简单常识,怎么成为大学生后就会忘记得一干二净?如果说,乘车时主动为老弱病残人员让位,是对一个健康人的基本要求,那么在我们大学生的心底还懂不懂得尊师爱友?行有行话,道有道规,这是浅显的道理。乘电梯是生活中一件微不足道的小事情,但小事情往往能体现大风格,小事情也时常会隐藏大道理。诸如大学生找工作面试,无论讲得再好,都不如顺手拾起倒地的扫帚更能获得较高的评价。这些都是小事情,但它反映的却是一个人的素质,展现的是一个人的品德。

(二)辅导策略

通过对争抢乘电梯一事的分析,我深深感到及时开展教育的重要性和必要性。于是,我先以座谈的方式,找到部分学生简单了解他们对乘电梯的看法,掌握其思想脉搏;然后召开主题班会,就乘电梯一事组织学生们展开广泛讨论,让学生各抒己见,围绕“为人与处事”这一主题,进行深度研讨,达到深化认识和教育引导的目的。

三、辅导过程

首先召开班委会,明确班会主题为《为人与处事》,大家讨论了班会的流程和注意事项,确定由班长主持本次班会。

班会上首先介绍事情的经过,然后让同学们畅所欲言并做好发言记录。

甲同学说:“乘电梯犹如坐公交,总有个先来后到吧,需要乘坐的主动排队,谁先来谁就应该先乘。”但有同学反驳说:“乘电梯通常有个先来后到,但遇到特殊情况,比如遇有老师乘电梯时就应该礼让,遇到同学行动不便时就应该主动避让,就是同学之间也不应该争抢,而应谦让,这样才能体现一名大学生的素质。”

乙同学讲:“一座教学楼,怎么设计的,才一部电梯,根本没有以人为本,再加装几部电梯,不就解决了乘坐难的问题。”但有同学反驳说:“教学楼装电梯,是为教学服务的,我们作为学生,连六层楼都懒得爬,怎么做到德智体全面发展。”

丙同学提议:“在只有一部电梯的情况下,制定一个科学的乘梯计划和安排,划分时间段,明确一下乘坐的对象和顺序,就能解决无序乘电梯的问题。”但有的同学反驳说:“不要说只有一部电梯了,就是再加装几部电梯,再好的计划安排,如果大家不能遵守,或在同一时间大家都想乘电梯,还是解决不了拥挤的问题,不如干脆就不乘电梯。”

丁同学认为:“电梯是运送老弱病残的特殊通道,也可为运送一些重物提供方便,我们年轻人偶尔乘坐一次可以,但遇到人多时就应该主动走楼梯。”但还有的同学认为:“电梯是为大家提供方便的,但要看是什么时机,有时可以乘坐,有时就要主动放弃。这样看似为别人提供方便,实际则是方便自己。比如,上课前上楼的人员较多,学生就要主动地把电梯让给老师们。否则,学生挤上了电梯,把老师挤到一边,来到了教室听谁讲课呀。从这种意义上讲,方便别人其实就是方便自己。”

……每个同学的发言,都有一定的道理。

班长这时讲道:我认为,乘坐电梯虽然是小事、是小节,但大家发言讨论很认真,这说明大家对乘电梯这一小事的重视,对同学们表现出来的小节的关注,虽然这不是无碍大雅之事,却切实关系到每一名同学的形象。鉴于学校主楼只有一部电梯的实际,我发出四点倡议,愿与大家共勉:一是在通常情况下不乘电梯,上下楼梯靠右走;二是在正课时间不乘电梯,把电梯让给教职员工用;三是在人多的时候乘电梯,主动避让不争抢;四是尊师爱友,爱护公物,树立良好形象。

听着大家七嘴八舌的讨论,我的心情好像吃了蜜似的,感到在议论中,启迪了同学们的思想,在讨论中碰撞出了思想的火花。话不说不透,理不辩不明。通过会前准备,会中发言,适时引导。我感到大家谈得比较实际,没有夸夸其谈的虚荣,也抛弃了心底的自私,彰显同学们的真诚。

在大家都讲完之后,我看到有的同学还有些迟疑,就走上讲台,对同学们的发言予以肯定,然后讲了一个故事:“有一个非常好的公司招聘员工,有许多社会青年和应届毕业学生应聘。面试设计了一个环节:在进门处放了一把扫把横在地上。几位前来应聘者都没有注意到这个扫把倒在地上的现实,所以,应聘者尽管是滔滔不绝地回答提问、信誓旦旦地表现自己的特长,但没有一个人被聘。后来进来了一个青年,一推门进屋,他首先把倒在地上的扫把捡起来放在了门后。同学们一定知道最后的结果吧?”在同学们异口同声地回答中,我知道这个故事无人不知,无人不晓。以公司招聘人员的故事启示大家,说明礼仪的必要性、小节的重要性以及细节决定成败、态度决定一切的深刻道理。

迷茫开始清晰,疑惑有了答案。看着同学们的炯炯神态,我明白了此时此刻他们在想什么……

经过以上的分析讨论,同学们找出了问题原因所在,懂得了:争抢乘电梯不是客观造成的,而是主观为之,所以解决问题还要从主观上努力;认识到乘坐电梯其实是个小节,但它反映的是一个人的素质,展现的是一个人的素养。明白了日常生活就是由许多这样的小节组成,尤其在四年大学里,首先要学会做人,才能学会做事。懂得尊敬别人,感恩社会,给自己留下一个美好的空间;学会回报社会,友善他人,能给自己留下一生美好回忆。通过这件事,使同学们提高了认识,矫正了行为,懂得了尊敬师长、友爱同学和为人处事的道理。

四、经验启示

总结此次班会之所以成功,有以下几点经验与启示:

(一)班会主题需针对学生成长的需要

在某些时候主题班会往往流于形式,事务化倾向较多,往往造成老师、学生对班会的重要性认识不足。而真正有效的班会要达到促进学生个性全面发展和进行自我教育的功能。该班会从小处着手,大处着眼,电梯虽然很小,但乘坐的学问不浅,它充满着爱心,充满着友情,塑造一个人的形象,提升一个人修养与内涵。

（二）班会的选择要尊重学生的差异和促进主体参与

针对这一现象，我并没有直接组织召开班会，而是先与当事学生沟通征求意见，然后经过与班长、团支书等班干部充分交流后，以尊重学生为主，由班长主持召开，最后老师再加以引导，更有说服力。我从尊重学生的角度谈人生的价值观，学会人际交往，不违背社会道德规范，传承中华民族美德，促进学生素质的全面发展，让素质教育体现在每时每刻。

专家点评：

辅导员通过学生争抢乘电梯这一现象，分析得出开展思想政治教育的重要性。辅导策略非常得当，先是通过与学生座谈，了解学生的思想；然后策划了“为人与处事”主题班会，在班会上同学们广泛讨论，辅导员适时引导，取得了非常好的效果。全国高校思想政治工作会议于2016年12月7日至8日在北京召开，习近平总书记强调要坚持把立德树人作为中心环节，把思想政治工作贯穿教育教学全过程。辅导员的工作做法是落实全国高校思想政治工作会议精神的具体体现，该班会以小见大，润物细无声，把思想政治教育工作做到了学生的心里，这对于学生将是终身受益。

北京工业大学党委研究生工作部部长　高学金

“德”与“感”主题教育纪实

一、案例概述

最近一段时间，班里出了几件事情。课堂上，一名学生哗众取宠，摘掉了前面座位上剃了光头的同学的帽子，引发全体学生哄笑，为了维持课堂秩序，老师批评教育了几句，摘帽子的学生随手将手中的一杯粥投向老师，随后气势汹汹地咒骂着离场。一名学生因为不满意老师的点名制度，在课堂上与老师发生口角，毫无顾忌地脱口而出：“你这个老师脑子有问题，我跟你没话说。”周末深夜接到家长哭诉的电话：“老师，我家孩子找不到了，就说了他几句成绩的事儿不知道跑到哪里去了，到现在没回家，您可不可以帮忙联络他？”这个学生多次旷课、不参加考试，平日拒绝与家长沟通，家长多次深夜造访学校，躲在车里等待，我去宿舍了解孩子的心理动态。还有大批上课睡觉、玩手机的低头族，无论在不在课上，都是一副无所谓的态度。

二、案例分析

这些事是作为辅导员常常会碰到的问题,我不禁自问:这些青年学生到底怎么了?辅导员能做些什么?带着这些问题,我与班级同学逐一做了沟通,对存在以上问题的背后原因进行深入的分析。调查分析发现,这些青年学生往往个性趋于自我、浮躁,心理承受能力弱;不善沟通、不愿直面困难和承担责任;精神空虚,整日沉迷于荒诞的虚拟游戏世界里;家庭教育和传统精神文明传承缺失、基本价值观念匮乏;理想和目标匮乏。

从关注学生的心理健康、人格健全、传统美德方面出发,比如孝道、勤俭、感恩、德行、温良恭俭让、仁义礼智信,让传统回归课堂,为学生建立起精神支柱,让像马加爵一样的大学生“空人”越来越少,让悲剧越来越少。于是,我决定围绕班级建设做好两件事——讲授“德”与“感”、感受“德”与“感”。

三、辅导过程

1. 召开主题班会,讲授“德”与“感”

针对学生的现状,我准备了一些材料召开了以“懂德、有感”为主题的班会。

我告诉学生,作为即将毕业的“准社会人”,茫然失措也好,充满期待也罢,经过四年大学生活的洗礼,有两件事情应该是经过大学氛围的熏陶后最大的收获:(1)基本价值观;(2)为人处事的作风。

相比成绩,为人处事的作风才是更具说服力的评判优劣的标准——是否长期处理不好宿舍关系?是否还像个小学生一样没有办法管理好自己的情绪，在课堂上与老师发生口角甚至大打出手？是不是总是由于你的个人原因影响集体活动的质量？是不是吃不得一点小亏，不然就不依不饶？能否妥善处理好与父母之间的关系？你学会和父母好好说话了吗？你懂得感恩吗？等等这些问题，无不与包容、责任、德行、个人修养等因素息息相关。我想，做好这些事情才更应该是一名大学生在大学校园里为之努力的方向。

(1)引导学生懂“德”。我举了看病的实例引出“德”的概念——试想一个病人找到医生看病，把所有的隐私和病痛都告诉医生，脱光了衣服在他面前让他检查，这是把生命和尊严都交给了他，然而这时医生只盯着患者的钱口袋、只想着还有几个号就可以完成指标，不好好看病，那患者会恨他的。一个好的医生，不仅医术要高明，医德也要得到认可，否则就叫作“缺德”。

进而我为学生们讲解了两个词汇，帮助他们理解“德”的含义——厚德载物、德不配位。清华大学的校训有言：“厚德载物。”厚，即深刻地；德，即按照自然规律做人做事；载，即承载；物，即金钱、权利、名望等压身之物，统称为福报。深刻地按照自然规律做人做事，才能承载得起到来的福报，这就是为什么君子爱财要取之有道，为什么猖狂是出事之前的征兆。与之相反的行为叫作“德不配位”，即德行与现在所处的位置不符。为什么有些人一升官就“生病”、进监狱了？为什么有些人一有钱就出事故了？因为这些人所具备的德行还不足以承载那些福德，自然会崩塌。这就好比一张桌子只能承载10公斤的分量，你非要让它承载50斤的重量，桌子就会发抖、变形，这都是毁灭前的先兆。金钱、权利、名望都是压身之物，靠什么承载？靠符合万物规律的德行。德不配位，必有余殃。然而，按照规律做事、遵守德行做人，正是我们青年大学生乃至整个社会所匮乏的。

(2)倡导学生有“感”。我解释了何为“感”——一棵树苗，给他浇水就会生长，一片叶子，阳光一照就变绿，一个人，太阳照久了他就流汗，这些都叫作有“感”。别人有恩于我们，我们一定要像自然万物一样，像身体告诉我们的一样，有感应、有回应，这就是感恩，自然而然的。如果不懂得感恩甚至恩将仇报，就违背了自然规律，就好比阳光照耀一个人，他却不出汗，所有汗毛孔都闭得死死的。

我向学生特别强调了父母之爱。讲授了“五伦八德”中的“五伦”，就像一棵树从种子成长到参天大树，离不开与阳光、土壤、饲料和水分的关系，人的成长过程中也会与周边产生各种关联，第一种关系就叫作“父子有亲”。父母爱子是天然的亲爱，这个亲爱的特点是“无条件”。我们看动物界有多少牲畜为保护孩子连命都不要了，天性如此，自然规律。我提醒学生，有很多人非但不知道感恩父母，反而顶撞父母，整日让父母担心，稍有不顺心就离家出走，这破坏了无条件的亲和爱，破坏了自然规律，也是不道德的行为。我建议每一个学生，找个合适的机会，给爸妈洗一次脚。将来大家有孩子了，我们再给父母洗脚让孩子看，告诉他们，从现在起我们家有个家规，就是小辈的给长辈洗脚。洗上半年试试，爸爸妈妈无论走到哪里，一提起来这个事情就会流泪，因为他有“感”。父母与孩子之间的关系会融洽，家庭会和睦。

(3)提出希望，做“懂德、有感”的人。我告诉学生，人生就是个能量罐子，多积德、多行善、多吃亏、多付出、多感恩，这些都是这罐子里的能量，它们多了，你的能量就大了。相反的，作恶多端、懒惰缺德、不懂得感恩、不孝顺父母等，就是在消耗你的能量，能量没有了，气血殆尽，整个人就垮掉了。希望每个人都成为懂德、有感的人，而非麻木不仁的木头，坚持善良和勇敢，把正能量传播下去。

班会的内容引起了学生十分强烈的反响，有学生深夜私信我说：“老师谢谢您今天的演讲，让我觉得在这个社会突然还能有一片温暖，厚德载物让我对世界有了新的见解，触动了我的内心。好久没有这么一节洗涤心灵的课了，很感谢您能在这个时候还给我一片干净的情感，让我又觉得世界美好了，原来还有人真心地在乎这些情感，谢谢您，爱您。”我想，可以给学生提供需要的东西，也是一种幸福吧。

2. 走进关怀医院，感受“德”与“感”

班会过后，为加强学生对“德”和“感”的认知，我组织学生走进北京松堂关怀医院慰问老人。希望通过这次活动可以让我的学生们真切地感受到，这个社会上还有很多人需要他们的爱，他们自身也具备很强大的爱的能力。

在慰问过程中，我发现平日里素来内向、不太擅长与人打交道的学生，这时候也会蹲下来仰着头、轻声细语地与老人交谈；我看到平时粗心大意、见到老师甚至不知问好的学生，也会在送上精心包装好的礼物时不忘悉心叮嘱老人几句暖心的话；还有一些学生见到老人们艰难却乐观的生活状态，感慨良多，潸然泪下。这充满了关爱、包容和慈善的一幕幕，使我清楚地看到了学生们所具备的责任心、怜悯心和慈悲心，这也是日常我迫切希望教导给他们的；我还看到了很多学生不为人知的另一面。学生们现实地体验到爱和奉献的意义，也更加懂得知足和感恩。

对于这次活动，我是满意的。我发现这种方式更能够调动学生参与的积极性，提高学生的参与度，学生在这种氛围中更容易突破平日里拘谨的形象，而绽放出潜在能力和情怀，这是令人惊喜的。

3. 工作成效

在召开班会和慰问活动之后，我发现了学生们最直观的变化，上课聊天睡觉的人少了，愿意静心听讲的人多了。这是我想起到教育的效果。希望学生们可以长期坚持下去，能够把“德”与“恩”的理念贯彻在生活中的点点滴滴，时刻警醒、成长，最重要的，是养成能塌下心来做事情的习惯。

四、经验启示

记得有一篇文章里提到:“对于教育而言,它体现在人身上的效果有短期和长期之分,短期的效果可以通过训练习得,如知识和技能的学习,其效果取决于训练的强度和时间。但教育的长期效果,体现在人心灵的陶冶和情操境界的提升,需要通过熏陶的方式潜移默化地获得,而这才是辅导员对于思想政治教育的核心目标和真谛所在。”

1. 班会要解决现实问题

班级的同学个性各异,面对问题学生不要回避,及时引导,抓住重点,设计好主题,让学生既是活动的参与者,又是活动的体验者、组织者。班会要能引发学生思考,触及心灵,才能解决现实问题。

2. 播撒责任的种子才会收获生命的喜悦

对待学生,应该在保障其完成学业取得学业上的收获之外,我们更应该在他们成长的道路上播下一些关于人性、道德,关乎责任和真善美的种子。我们的教育应该与生命、与青春同步,与社会与时代同轨,应该引导学生去发现“生命的喜悦”,去发现“生活中的感动”,去思考个人与社会的关系,去审视自我价值与社会价值。

专家点评:

针对学生中出现的不尊敬师长、拒绝与家长沟通等现象,辅导员通过与学生交流,挖掘出深层次的原因,即个性趋于自我,不善沟通,精神空虚,家庭教育缺失,理想和目标匮乏等。辅导员从传统美德教育出发,决定做两件事情,讲授“德”与“感”、感受“德”与“感”。第一件事情是召开班会,引导学生懂“德”,倡导学生有“感”,希望学生做“懂德、有感”的人。在班会过程中,我们能够感受到辅导员掌握了深厚的优秀传统文化,这对于做好思想政治教育工作非常重要。第二件事情是走进关怀医院,感受“德”与“感”,这件事情触动了学生的心灵,是在班会基础上的一次很好的实践。辅导员之所以能够取得很好的教育效果,有三方面的原因,一是把握了学生出现问题的深层次原因,二是采用了得当的解决问题的方法,三是注重长期的教育,也就是人的思想境界的提升。

北京工业大学党委研究生工作部部长　高学金

一个危机事件的干预

一、案例概述

小庆,2010级大学本科生,男,在毕业设计答辩时有两位老师说他不能通过,他听后压力非常大,回到宿舍后表现异常烦躁和苦闷,不停地在宿舍里走动,时不时地说"活不了了"情绪极度沮丧。宿舍的同学也是班长发现后及时向我反映了这一情况。

二、案例分析

得知小庆的情况后感觉此事非同小可,引起了我的高度重视。毕业季是学生危机事件高发期,毕业论文答辩能否通过对学生来说是重大事件,如果不能通过,就不能毕业。小庆面临的就是这样的一个重大问题。带给他的是一系列的负面反应,如果不能毕业就不能就业,家人和亲朋好友也会对他有不好的看法和评价。

基于以上分析,我赶快通过同学和老师了解小庆的相关情况,然后向学院领导汇报,同时开始做小庆的工作,小庆的同学一直协助我关注他的状态并陪伴他。

三、辅导过程

1. 向学生了解小庆的情况

通过班长了解到小庆近期情绪不佳,近三个月来睡眠一直不好。小庆痛苦的原因是父母感情不和,离异后仍生活在一起,前一时期父亲严重家暴,致使母亲离家出走。小庆非常同情他的母亲,但父母离婚时将小庆判给了父亲,父亲经常酗酒,小庆从感情上更亲近他的母亲。小庆曾跟宿舍同学说过此事,他感觉既无奈又无助。小庆的学业大学四年一直居于中等,没有遗留课程,答辩通过就能毕业,小庆已经签约一个大型国企,还交了一个不错的女友。但小庆性格较为内向,不太健谈,跟宿舍和班级同学处的关系都一般,和外班的一个同学关系非常好。

2. 向相关老师了解小庆的答辩情况

当我得知小庆情况后马上找到相关老师,了解小庆答辩的情况。得到的反馈是小庆答辩还可以,肯定能通过。由此我心里有底,对小庆做工作也能够把握尺度。

3. 与小庆电话沟通

了解到相关情况后,我及时与小庆打电话联系,将答辩的初步结果反馈给他,并让他尽快找我一起聊聊。却没来找工,我也以为他所担心的答辩不能通过的问题解决了,他就应该没什么问题了,没有再主动约他。

4. 小庆情况恶化,配合心理咨询中心工作,送小庆去医院接受治疗

小庆答辩后第五天的中午,我校心理咨询中心老师电话通知我找

小庆好好聊聊,小庆刚刚进行了咨询和辅导,他压力非常大。我马上电话联系了小庆,他很爽快地答应下午找我。见面后我和小庆的谈话从思想认识层面展开,包括怎样看待人生,以什么态度对待人生路上遇到的困难,如何正确对待父母关系等。并鼓励他继续到咨询中心咨询。

第二天我去心理咨询中心了解小庆的情况,反馈小庆对心理老师辅导的感受,并希望中心继续给他进行帮助和辅导。当下我给小庆打电话,小庆在电话里表现得非常愉快,我表扬和鼓励他继续到心理咨询中心咨询。在我的劝导和坚持下,小庆答应了。但是小庆与我的沟通并没有反映真实情况。心理咨询中心老师电话告诉我,小庆当天早晨想上楼自杀,迈出一条腿又收回了。得知小庆的这一情况后,我们马上带小庆去安定医院,经诊断小庆患有精神疾病(躁狂和抑郁)需要住院治疗。但小庆拒绝住院,原因之一是担心家庭经济状况不能承受。陪同的三位老师,用四个多小时的时间耐心开导他,最后他同意住院治疗。

5. 联系家长,取得家长的配合

经过与家长联系,征得家长同意,小庆办理了住院手续,住院治疗。学院根据他的家庭经济状况,给予了适当的经济补助。在住院期间,小庆配合医生的治疗,一个多月后康复出院。

由于住院治疗小庆失去到原签约单位的工作机会,但小庆个人综合素质较好,很快又和一家非常不错的单位签约并工作至今,他在心理状况和工作生活等方面还都不错。值得欣慰的是,小庆在2015 年 10 月协助老师说服一位家长将患有精神疾病的孩子送医院治疗。

四、经验启示

1. 家庭关系对学生的成长成才起着重大的作用

小庆之所以罹患精神疾病，毕业设计答辩是导火索，根本原因是家庭成员关系问题长期困扰着他。通过小庆这一危机事件告诉我们：在开展学生工作的过程中不仅仅要关心学生在校的学业和行为表现，还有必要了解他们的家庭情况，有助于我们全面理解学生的学业和行为表现。

2. 可靠的学生干部队伍是我们的助手

辅导员工作面对学生人数多，工作庞杂，事无巨细，很难直接第一时间发现学生存在的问题，但学生干部和同学朝夕相处，他们的一言一行、一举一动，学生干部和身边的同学都看在眼中。他们如能及时将问题反映给辅导员，辅导员就能及时开展工作，避免不良后果的发生。事实上，在小庆答辩前后情绪非常不稳定时，就有一位同学一直以极大的耐心和爱心陪伴着他，并以极其巧妙的方式将他带到心理咨询中心附近，心理咨询中心老师发现并主动进行了心理干预。

3. 学校相关工作人员良好的工作态度与工作方法有助于学生问题的解决

学生出现问题时，老师行动是否及时、态度是否热情友善、方法是否科学得当，直接关系到问题的走向和事件的结果。在处理小庆事件过程中，心理咨询中心的老师一直以最大的热情陪伴和支持，这份热情和爱对一个抑郁症患者是活下去的力量源泉。由于小庆家在偏远的地区，经济不发达，父母没有稳定工作以打工为生，小庆担心住院治疗会增加家庭经济负担，学院领导和我个人给予了大力的支持和帮助，使这一问题得到了很好的解决，这也从另一个角度帮助他尽快康复。

4. 解决问题后，要持续跟踪

当学生的问题得到初步解决，取得阶段性效果时，一定要继续跟踪和坚持，直至将问题彻底解决，否则会前功尽弃。在小庆的问题上，当初认为他担心的答辩问题不存在就应该没事儿了，没有认识到他已经是一个精神病人。正是多方坚持和不断的跟踪，才避免了悲剧的发生，小庆还将老师和同学们给予的关爱继续传递。

5. 切忌用思想政治工作的方法进行心理辅导

在辅导员开展工作过程中，一定要首先分析清楚学生存在的是思想问题还是心理问题，抑或是精神问题。如果用思想政治工作方法，对一个存在心理或精神问题的人开展工作，将会适得其反，因此辅导员要有一定的心理学知识。

专家点评：

这个案例比较曲折，给我们留下的经验启示也比较多。第一，要全面掌握学生的情况，综合分析，取得阶段性成果后，还得持续关注。正如案例中所提，解决好小庆的毕业答辩问题后，小庆竟然患上狂躁和抑郁，多亏发现及时，避免了一场大的灾难。第二，辅导员的专业化和职业化水平需要不断提升。心理学知识显得尤为重要，尽早发现学生的心理问题，可以做到早治疗，使学生早日康复。辅导员面对的不仅仅有学生，还有家长，做好家长的工作也是职业化的要求。第三，良好的工作态度和工作方法有助于解决问题。正如爱因斯坦所说，只有爱才是最好的教师，它远远超过责任感。案例中的心理咨询老师、学院领导和辅导员在解决小庆问题时，倾注了大量的爱。建议新入职的辅导员参阅该案例，很多地方值得思考。

北京工业大学党委研究生工作部部长　高学金

心理辅导案例

随着社会的发展,人的心理会存在这样或那样的问题,为了学生的健康发展,我们往往会选择心理辅导的方式帮助同学解决问题。学业辅导是对学习者在学习过程中发生的各种问题(如认知技能、知识障碍、动机,心理情绪等)进行辅导。本案例主要是介绍对一名心理疾病学生的帮扶经历,包含心理和学业辅导的两个不能分割的内容。在案例中我们通过一系列帮扶交流,使该同学战胜了病魔,并树立了明确的学习目标,顺利完成了在校的各项学习任务。

一、案例概述

小强(化名),一名来自北京的同学。入学军训时,由于其家人担心小强承受不了高强度的军训生活,主动向我们反映小强的真实情况:因受家庭遗传基因的影响,患有季节性抑郁症,且由于发病初期他的治疗出现过偏差,自己内心非常抵触治疗。高三时曾经因病复读了一年时间,他非常忌讳他人知道自己的病情和经历。针对这一情况,我们出于保护学生的原则,免除了小强的军训,并且小强也成了我们的重点关注对象。

入学第二学期5月的一天上午,小强突然跑到办公室,进门就哭了起来。对他这种突然情绪失控的情况,我们一时感到无措。等他情绪缓解一些的时候,我对他说"都大小伙子了,有事说事,不要哭呀",他哽咽地回答道:"老师我感到很压抑,好像要犯病。"我将他带到一间安静的房间,听他倾诉。在交流中我了解到,这次的压力源自他的暗恋对象和其他同学好了,这让他感到很失望,自信心受到严重的打击,甚至觉得生活没有希望。针对他的这种情况,我同他从学习、社团活动到学习的目标,从身体素质锻炼、恋爱到人生的发展等多方面进行了耐心的交流,帮助他树立正确的人生观。交谈过后,小强的心情放松很多,等他离开办公室的时候,我也明显感觉他重新找回一部分自信。

第四学期6月期末考试前,小强找到我,提出他要办休学,坚持不参加考试。我知道这是他的危险期又要来到了。对此,我对他做了耐心的心理辅导,指出他休学的危害,要求他尽快调整好自己的状态,及时到医院就诊,按医嘱吃药治疗,在假期中认真复习,迎接缓考。但是小强因为心理压力太大,病情加重,未能参加学校的缓考。最后他的学期学分通过率仅为40%,被戴上了试读的帽子。

二、案例分析

通过分析,小强发生学业危机的关键是心理疾病。他的抑郁症常常导致其自尊心下降甚至自暴自弃。小强虽然很善良,能够体贴、帮助他人,但他自我评价很低,总是觉得自己很差劲,各方面不如他人,不会被人喜欢,毫无自信可言。因此他只有逃避,不敢与其他人进行直接交流,喜欢以沉默、封闭、低调、逃避、压抑等方式待人处事,总是想将弱点隐藏起来,以寻求内心暂时的平衡和缓解。他认为自己不值得快乐,即使在情绪正常的时候,也觉得自己没有资格享受快乐。尽管事事总是不如意,但小强还是把别人的需要放在第一位。小强认为自己在工作和交友方面存在很大的缺陷,往往付出和回报不成正比。同时他认为同学的学习水平和他不在一个层次上,老师为了学习进度讲得太慢,因此他自己每天都到图书馆学习自己感兴趣的知识。考试前小强还对班里同学进行学业帮扶,表现出他学业的优势和助人的热心,但自己面临考试时却毫无自信,产生惧怕考试的心理。小强的困惑其实就是疾病引起的自我认知问题。因此,要引导他大胆地面对自己,看清自己,形成正确的自我评价,让他看到一个真实客观、坚强可爱的自己。如果我们帮助小强克服自卑、焦虑、易怒、对事物兴趣索然的心理,就能够使他树立起坚持自我的信念,在不耽误学业的前提下,将小强的疾病治愈,会对他今后的发展有非常重要的意义。

三、辅导过程

针对小强的问题,我们首先是帮助他解决他的心理疾病。在与他的家庭建立很好的沟通,各方面了解他的情况后,帮助他主动接受治疗,坚持合理用药(大夫要求坚持五年服药)。在与家庭建立联系的基础上,安排责任心强的同学协助关注小强的情况,通过各方面的共同努力,及时帮助小强正确认识自己遇到的心理问题及其性质,纠正其对社会和人际关系的片面认识,客观地对待人际关系和所遇到的现实生活问题。在交流中充分肯定小强的优点,在人际交往的方法上给他以具体的指导,缓解压力。当我了解到适宜的体育锻炼可以调节人的心境,必要的身体素质也是改善抑郁症的条件之一后,建议他要有选择地参加有趣的体育活动,主动帮助小强找到他自己锻炼身体所喜爱的运动,从活动中获得乐趣并从中得到愉快的感觉。这项运动他一下就坚持了3年多,使他的身体健康得到很大的改观,心理适应能力不断提升,一直到毕业未出现突发的心理问题。同时,在辅导的不同阶段,我根据他的学习爱好和方法,在学业上帮助他设计好发展目标,帮助他学会放松自己,不要整天生活在自我封闭的环境中,避免出现可导致他产生学习困难、注意力分散、记忆力下降、成绩全面下降、厌学、恐学或拒学的现象。在他遇到社团与学习冲突、恋爱和学习矛盾时,帮助他认清学业的重要性,合理安排和解决好所遇到的问题,从思想、学习和生活上随时给予他必要的帮助,树立强大的信心。

四、辅导成效

通过帮助辅导,小强经过三年的坚持治疗和身体锻炼,病情得到很大的缓解,身体状态不断改善,学习成绩全面提高,各门考试均一次性通过,成功摘掉了试读的帽子,顺利地完成了学业。同时小强同学明显自信、开朗、快乐了很多,开始重新认识以往的经历,重新审视人与人之间的交往,行为上表现得逐渐成熟,适应协调能力增强,性格上也发生了很大的转变,与人交往更开放更主动更自信更自然更开心更频繁了,独立、统合、健全的人格初具雏形,自我成长能力显著增强,逐步完成自我价值的实现。

毕业后,小强同学与我仍保持着联系,目前他生活开朗乐观,记忆力、思维能力、体力都恢复了正常。他的生活正在按照他计划的方向发展,小强也在努力实现自己迈进理想院校大门的考研目标。

五、案例启示

大学生正处于身心发展时期,他们独立性强,但自制力弱;情感丰富,但控制力差;追求新事物,但缺乏远大理想。因此,大学生应及时加强自我心理的调节,以确保身心全面健康发展。大学生一方面对于友情、爱情渴望心理及对社会的探奇心理强烈,另一方面由于缺乏社会生活经验和社交阅历,在人际交往方面难免存在问题。这两方面因素交相作用会使得大部分人产生矛盾的心理,从而恐惧人际交往。这些心理压力也对大学生的人际交往能力提出了更高的要求,高要求下的高压也使得学生的恐惧心理加重。

作为与学生联系密切的辅导员,我们应当尤为重视学习心理专业知识,心理辅导,加强对学生心理素质的培养。心理辅导其实是一个由他助到自助的过程,最终目的也是为了帮助学生能自我分析,自我调节,最终解决学生自身出现的问题。所以,大学生一旦发现自己被心理问题困扰时,要学会充分利用学校的心理辅导室,网络辅导平台等对自己的心理问题及时进行疏导,改变不合理的认知,掌握解决心理问题的办法。大学生应当有效地培养健康心理,学会自我调节与适应。一个人的心理素质、意志品质只有在生活、学习、实践中才能真正锻炼培养起来。校园活动为学生开阔人生视野、扩大交际范围、提升自身综合素质提供了一个良好的平台。在参与实践的过程中,表达力、观察力、统筹力、执行力、创造力等一系列能力都将在一次次的实践中慢慢锻炼出来。

大学校园是个多元文化交流的地方,大学生如果长期生活在一个相对封闭的环境里,缺乏生活阅历、生活经验,其心理适应能力、承受能力、认识问题和解决问题的能力都将会比较差。在这种环境中尤其容易产生心理问题。辅导员是与学生接触最多的老师,除了要主动观察学生存在的心理问题,还要关注他们,给予他们温暖。针对大学生的心理辅导,我们应当具有持之以恒的精神,不能半途而废,只有坚持、坚持、再坚持,才能帮助学生恢复到健康阳光的生活状态。

专家点评:

完善的心理健康教育是助力学生走向美好人生的推进剂,过硬的心理辅导技能、对学生真诚的爱是做好抑郁症学生心理问题疏导的重要途径。本案例中,辅导员在得知当事人患有抑郁症后,能够主动伸出援助之手,用关怀和关爱打开学生的心扉,从思想、学习和生活上及时给予必要的帮助,有针对性地帮助学生分析所面临的问题并提供有效的解决方案,引导学生树立了强大的信心,最终摆脱抑郁症的困扰。

大学生正处于身心发展的快速时期,情感丰富但也心思敏感。作为辅导员,要多加关注学生心理状态的变化,关心、尊重、理解、宽容和信任学生,设身处地地为学生提供帮助,引导他们适应大学、享受大学,在积极的大学生活中健康成长。

北京工业大学团委书记　马立民

学生心理危机事件干预实例

一、案例概述

2014年6月的一个下午，大一学生胡某在宿舍因为与室友张某发生口角，掏出水果刀试图伤害张某，在其他同学的控制下未遂。事后张某在第一时间来到学院办公室，向我汇报情况。胡某表示由于之前在某快捷酒店住宿时张某在他隔壁开房一事给他带来不快，因此积怨，称张某"毁了他一生"，并要求与张某去酒店前台核对住宿记录，若当晚不是张某，便不计前嫌。

胡某自入学以来，心理情况一直受到学院关注。他曾向我反映睡眠不好，且无法适应大学生活，更无法与室友和睦相处，几度想要休学。还曾在2013年12月因心情压抑，服用大量含有褪黑素成分的保健药以及白酒被室友送往医院进行抢救。由于发现及时且用量不大，并未造成伤害。持刀威胁室友事件的发生，将胡某个性和心理上的问题彻底暴露出来了。

事发后我联系了该生室友，全面了解了事情的来龙去脉，并在当晚控制了胡某的行动。胡某对于此事没有过多的辩解，只是低着头，神情恍惚，沉默不语。翌日，胡某父亲从江西赶往北京，了解情况之后，他认为孩子只是一时冲动，并不是心理问题，更不可能是心理疾病，希望学院体谅。本着对每个学生负责的原则，我咨询了校心理健康咨询中心、北医六院的专家，还查阅了相关文献，最后强烈建议该生前往专业医院进行检查。胡某和父亲也同意了，然而过程并不顺利。胡某父亲担心孩子被查出异常，无法完成学业，便想出各种办法误导医生，甚至想要隐瞒孩子的病史。医生最终给出的诊断是"重度抑郁状态，精神病性障碍待排除"。最后经过我的不懈努力和反复沟通，终于说动胡某家长，为孩子办理了住院手续，接受两周的住院观察与治疗。出院后，正值暑假，胡某直接回到了老家。学院给出的建议是：继续接受药物治疗，在暑假结束后，视当时的状态决定是否允许该生继续上课，但不允许该生继续住在宿舍。开学后，胡某提交了申请，并被允许继续上课。住在校外的时间，我一直与他和家长保持密切联系，并在不泄露学生隐私的前提下，安排班干部时刻关注。一学期过去后，胡某并未出现任何异常，性格也变得较为开朗，体重也有所增加，还交到了几个朋友。他申请搬回宿舍，并与几个朋友组成宿舍。我要求胡某和其余三位同学提供了书面申请，并表明在了解胡某的情况后仍愿意与之共享寝室。目前胡某已经大三，情绪稳定、成绩中等，加入了天文社，还积极参加各种活动。

二、案例分析

1. 还原事件，不偏不倚

在此次事件中，可以明显感受到，由于角度不同、立场不同、性格不同，不同的人在陈述同一件事的时候存在明显区别。尤其是存在利害关系时，陈述人会有意识地避重就轻，并放大对自己有利的部分。

为了全面、客观地了解事情的真相，辅导员必须多方取证，询问事情的来龙去脉，而且要公平、公正地看待每一个学生，在处理问题时不能带有个人的感情色彩。事件发生后，胡某与张某的情绪一定都不稳定，必须想办法让两人先冷静下来，不能用话语或行为进行刺激，以免事态恶化。

2. 实时跟进，及时汇报

这类事件是辅导员工作中较为常见也较为棘手的问题。事件的发生既不是偶然，也不是一时冲动，是不良情绪经过长时间积累所造成的。加上胡某本人的心理状态并不健康，使得事件与普通的打架斗殴有了本质上的区别。我需要了解心理学基本知识，对胡某的心理情况做出初步判断，对其下一步有可能会发生的举动做出预判，并加强监督。在专家和医生允许的情况下，我全程参与了胡某的咨询、诊断与治疗，了解到了医生对其真实、专业的诊断。另外，发生此类事件，必须在第一时间向上级汇报，根据学校和学院的规章制度以及上级的建议进行处理。事件的前因后果、胡某的个人情况简介、事件的最新进展、辅导员所做的工作都必须仔细、严谨地记录并上报给上级。

3. 各类证据，保管留存

由于事发突然，又是在私密环境，所以很难有影像资料作为证据，这时，目击者掌握的证据就至关重要。为了避免“翻供”，我要求每个证人写下自己看到的一切和知道的一切，并且签名。关于胡某的各类资料都要汇总并留存，如新生心理普查时的数据、约谈记录、医院诊断、医生建议、家长承诺书、病例、出院小结等。不仅要留存原件，还要进行拷贝，以免丢失。

4. 敏感问题，注意保密

这次事件非常敏感，涉及学生的诸多隐私，我在处理时非常注意保密工作，希望知道此事的人越少越好。胡某本来就存在心理方面的问题,如果接下来的大学生活都要在指指点点的环境下生活,一定会崩溃。所以每次我都亲自陪他去医院,单独与他和家长进行沟通,还要求张某及目击室友签订保密协议。

5. 事后教育,积极引导

经过半年的时间,胡某有了明显改善,这件事也不再让他觉得那么痛苦,我和他进行了深入的谈话,表扬了他的进步与优点,并委婉地指出了他性格中存在的问题。在谈及那件事时,我的态度很明确:不管怎样,你持刀对准别人都是你的错,要勇于承认并且承担相应的责任;同时,我也没有姑息张某,对他的一些行为也进行了批评。这样学生会觉得老师还是可以理解自己的,自己并不是一个"怪胎"。在教育的过程中,要让学生认识到人不是非黑即白,再好的人也有缺点,再坏的人也有可取之处,不能对他人进行道德捆绑,也不能事事都用自己的标准去要求别人,更不能得理不饶人。凡事都要包容,需要沟通和理解。考虑到胡某的特殊情况,我根据他的兴趣爱好向他推荐了天文社,建议他加入,多和志同道合的小伙伴一起交流,学会与人相处的艺术。学院有大型活动时,我也会鼓励他去参加。为了增强他的自信,我还在学院的微信公众号上多次发布他写的文章。

三、工作思考和建议

此次事件对于一个新上岗的辅导员是一个不小的挑战。经验的不足造成了事件在处理方面的拖延;制度的不完善导致了事件在处理上常常"无法可依"。对于这个事件我有以下两点思考:

1. 掌握学生日常思想动态。掌握学生动态是有效预防学生突发事件的前提条件,也是开展思想政治教育工作的基础。实践证明,只有构建畅通的信息交流和信息反馈渠道,才能使辅导员及时准确掌握学生学习、生活、思想和心理各方面的动态。

2. 及时与家长沟通。在事件发生后,作为辅导员的我没有很好地与学生家长进行沟通。在事件的处理过程中,家长和学院形成了一种敌对关系,所以家长千方百计拒绝与排斥学院的要求和建议,双方态度胶着,导致事情一再拖延,无法很快得到圆满处理。

3. 加强心理健康教育是防止突发事件的重要方面。学业压力、就业压力等因素都会给学生的心理健康造成影响。辅导员需要在学生当中传播正能量,组织开展一系列活动,普及心理健康知识,同时增进同学们之间的感情。

4. 辅导员自身要加强心理知识的学习,才能够给予需要帮助的学生专业、有效的建议。遇到突发事件时也能更好地进行估计和判断。

专家点评:

大学生心理健康已经成为社会广泛关注的热点问题,高校在保障大学生心理健康方面有着不容忽视的义务和责任。高校辅导员对大学生日常思想动态的监督与管理,旨在确保学生更快地适应大学生活、健康发展,对存在的隐患尽早发现、尽快解决,引导并培养青年学生解决问题的能力,使青年学生更符合社会发展的需要。

本案例中,学生寝室关系不和的背后反映出的是学生心理上的波动,辅导员通过与当事人多次沟通获取学生日常动态,客观地听取当事人室友的阐述,保障了信息获取的多样性与有效性。与此同时,及时与当事人及舍友的家长进行良性沟通,做好引导及安抚工作,确保学生、学生家长及学院之间关系的稳定性,为问题的妥善解决发挥了不可替代的作用。

心理问题的积累是从“量变”到“质变”的过程,如果小的苗头没有把握好,后果将不堪设想。作为辅导员,应经常深入学生寝室,与学生谈话谈心，开展日常性思想政治教育，一旦发现异常情况，务必高度重视。在开展工作的过程中要因势利导，采用正确的方法，掌握学生日常思想动态。辅导员自身也应加强理论知识学习，拓展工作思路，为学生提供多种情绪疏导渠道和平台，引导其更好地适应大学生活。

北京工业大学团委书记　马立民

让集体的力量感化每一双眼睛

——班级建设案例分析

一、案例概述

2015年8月学院迎来了270多名大一新生,他们朝气蓬勃,脸上透着几分稚气,眼神中充满了对未来的求知与探索,同时也流露出对大学生活的几分迷茫。这270多名学生来自全国18个省市地区,他们身上带着不同成长环境的印记,同时有着鲜明的90后特征:乐于接受新的事物、敢于尝试,善于表现自己,但同时好胜心强,不懂得团队协作,承受挫折能力较差。作为中外合作办学的国际学院,这里开放、包容,同时充满多元文化的氛围,这无疑给稚嫩的学生带来新的挑战。

二、案例分析

中共中央、国务院在《关于进一步加强和改进大学生思想政治教育的意见》中指出:"班级是大学生的基本组织形式,是大学生自我教育、自我管理、自我服务的主要组织载体。要着力加强班级集体建设,组织开展丰富多彩的主题班会，发挥团结学生、组织学生、教育学生的职能。”作为一名年轻的高校辅导员，如何帮助学生实现从高中到大学的身份转换，快速适应大学生活，让每一个班级都有良好的班级风貌，发挥班级这个基层组织对大学生自我教育、管理和服务的功能，这直接关系到每一位学生未来的发展。因此，班级作为大学教育构成的基本单位，班集体建设成为我工作中的重要课题，也是校园文化中建设中的重点。

三、辅导过程

1. 举行班级成立仪式

学院 2015 级新生有 3 个专业，共 9 个班级，结合学院育人实际情况，我带领各位班级辅导员在学生入学的第二天就进行了班级成立仪式。我们为每一位同学准备了丰富的入学材料，还精心设计了都柏林学院文化衫，感恩高中老师的教师节贺卡，让大家在第一时间快速了解学校和都柏林学院的同时，从感恩和关怀教育进行引导，让学生们感到这就是未来大学生活朝夕相处的温暖集体。在成立仪式上，大家分别自我介绍，畅所欲言，经全班讨论，确定了班级口号、班歌，简单的初步了解后，同学们深深地感到了班集体的重视和关怀。

2. 召开第一次班会，选班委

在开学的第二周，我和各位班级辅导员一同开展了 9 个班级的第一次班会，在班会上通过公开演讲竞选的方式选出班委，同时建立详细的班级档案，包括每个班的成员信息、班委会信息、班级信息。新一届班委会成立后，班委成员立即带领学生一起进行班级建设规划，确立班级价值观，同时提交学院《都柏林学院班级建设规划书》，包括班级工作目标、总体建设、班委会工作计划三大模块，分别对学风建设、组织建设和文化建设，这样班委会的工作计划就具体到各类可开展的活动项目。在班级建设初期制定了健全的班委会组织，大家分工明确，确保了日后各项工作顺利开展。

3. 建立《学生个人成长记录》

我带领各位班级辅导员一起为每一个学生建立《学生个人成长记录》，分别从学生的个人基本信息、党建与思想政治工作、学业指标、参加科技活动、奖励与违纪、个人评价等几大方面详细地记录了他们在每个学期乃至未来四年的成长与变化。这样，我对每一位同学的信息进行了规范的收集与记录，而且从学生本人、家长、任课教师、同学等多方面多渠道了解了学生的情况，让“个人成长”的信息数据化，减少对学生的主观评价，同时也为每个不同班级的建设奠定了个性化的基础。

4. 设立晚自习制度

随着学生进入正常的课程学习，学院在新生中设立晚自习制度，我要求新生统一以班级为单位进行晚自习学习。在晚自习的学习中，我鼓励那些接受知识比较快的同学为大家解答，他们不但有了“讲师”的经历，也为每一位同学提供了增进了解的机会。同学们相互讨论，共同解开一道道难题，班集体的活动慢慢从课堂延伸到了课外。

5. 精心策划组织每一次班集体活动

在班委的带领下，每个班级精心策划了集体出行活动，以金融班级为例，他们对周边可以进行登山活动的地方进行了详细的评估和设计，拿出了 3 个方案供同学们选择。最终，第一次班级户外活动在北京香山进行。那天一张张灿烂的笑脸、有力的步伐和轻盈的身姿在蓝天、白云和青山的映衬下，散发出青春所特有的活力气息。同学们相互帮助、相互鼓励，最终顺利登顶香炉峰。经过一整天的校园外相处，同学们彼此相互亲密的交流、整个班级凝聚力十足,这样的活动更是让每一位同学感到了班集体的温暖。在那一刻,我看到的不仅仅是强大的班级力量,更是他们每个人收获的珍贵友谊。

一次偶然的机会,网络上流传一则农村留守儿童的新闻,我发现班上的一位同学特别敏感,并且在某位同学转发的朋友圈上留言,情绪十分低落。我通过各种渠道了解到,这位同学的父母在他很小的时候就外出打工,他是在爷爷奶奶家长大的。长期远离父母的生活使得他性格内向,不太愿意与人沟通,甚至有些孤僻。我还了解到他对篮球颇有热情,经常一个人在球场上投篮玩耍。我就鼓励他主动邀约本班喜欢篮球的几个男生一起打比赛,他开始并不情愿,慢慢地他感到班级的其他同学都非常热情,特别愿意与他一起分享、共同探讨篮球,慢慢地他找到了信心。在班级风采的微信推送上,我会特别地写上几句关于他打篮球的报道。有一天他跑过来和我说:"张老师,我特别感谢咱们这个班集体,同学们都很热情,不管竞争也好,玩耍也好,我觉得在这个班级上大学值了。"

6. 定期召开班长、团支部书记联席会议

我还定期召开班长、团支书的联席会议,就学生关心的事件及最近要做的工作进行讨论和梳理,疏通学院工作传达渠道,这样也加强了学生之间横向的交流。我还不定期召开班会,总结前期班上发生的需要修正、改进的事情,同时规划班级未来发展。

通过近一年点点滴滴的工作,2015 级 9 个班级均表现良好,同学们都步入朝气蓬勃的大学生活中,稚嫩的脸庞中也多了几分成熟和笃定。有不少班级还成为各类大型活动、演出的顶梁柱,这就是班级建设散发的力量。

四、经验启示

1. 完善班级建设制度,以制度规范学生行为

制定切实可行的班级制度,如班会制度:每个班级每学期至少要在学期初和学期中开展两场主题班会,主题班会要做到定期、定人,整个过程要规范、有效;再比如,入党积极分子推优制度;班级干部选举制度;晚自习考核制度等。健全一系列的制度,不仅是一种行为约束,同时让学生更有今后努力的方向。

2. 建立一支强有力的班干部队伍,发挥学生力量

班干部是一个班级的核心力量,他们既是各项活动的组织者,同时也是领导者,班级工作开展的如何与班干部们密不可分。因此如何发挥班干部的积极性,调动他们能力的同时发掘潜力,让他们在班集体中快速开展工作是非常重要的。因此,在我接手班级的第一时间,我会尽可能地了解每一个同学的情况,在短时间内建立一支充满活力积极主动的班干部队伍,在每一次的活动中给予指导,同时放手让他们工作,充分发挥学生自己的主体作用。

3. 积极开展各类有意义有趣味的活动,凝聚班集体力量

定期开展一些有意义、有趣味的活动,例如"金熊猫杯趣味单词大赛""英语泡泡堂世界之旅""国球你我他"等涵盖文艺、体育等方面的活动,在活动中有效地增进大家相互了解,锻炼学生能力的同时,增强集体荣誉感。

4. 用心关注特殊群体学生,积极正向引导他们成长

有学业压力、经济困难、心理危机或其他特殊问题的学生,他们往往来自不同于正常家庭的成长环境。在班级建设过程中,我们可以从不同角度给予他们帮助,在生活上关心他们,学业上给予指导,用积极

心理学的知识培养他们个体的创造力,乐观、爱的能力等积极人格品质,真正做到“一个都不能少”。

专家点评:

班集体作为学生参与、融入大学生活的重要载体,在学生成长成才的过程中发挥着不可替代的作用。如何真正发挥班集体的作用、引导学生在自我管理、自我服务方面提升个体能力是一项重要的课题。本案例中,辅导员重点关注班风建设,着重培养班级凝聚力,通过和谐的人际关系消除个别学生心理上存在的诸多不安因素,使学生的个性特长得以充分的发挥。

作为辅导员,在完成日常工作的基础上,应结合学生实际,通过调查研究制定并开展适应学生发展的课余活动;以加强班级凝聚力为基础,构建和谐的班级氛围;帮助学生分层次、分阶段地确定目标,让每一个学生都能找到适合自己的发展路线,引导学生为实现目标而不懈努力。

北京工业大学团委书记　马立民

摆脱网络危害重建人际交友圈

一、案例介绍

学生李某，女，15 级本科生，班干部，成绩优秀，家庭经济状况良好，身体健康，父母与本人关系良好。

在周一早上例行查课中，发现李某未来上课。经过了解，李某因需完成网络游戏工作，周日晚未回宿舍，与其他同学在网吧过夜，导致第二天早上没有精力去上课。根据班级和同宿舍同学反映，李某最近闷闷不乐，与班级同学和宿舍同学交流有所减少，与以前班上关系不错的同学也产生了矛盾。在最近一次考试测验中，成绩下滑得厉害。

针对以上情况，认为有必要对李某进行深度辅导，及时了解李某情况，对李某面临的问题进行分析并给予必要的帮助。

经过初次谈话，发现李某有如下几个问题：

（一）缺乏安全防范意识

在与该生谈话过程中，发现她并未意识到自己身为女生，虽然有其他学生的陪同，在网吧过夜的危险严重性，对隐藏的不安全因素没有前瞻,缺乏安全防范意识。

(二)与同学产生矛盾,心情郁闷

与以前班上不错的同学因一些小事产生了矛盾,感觉受到了委屈和伤害,不愿在宿舍多停留,平时复习功课也在网吧中度过。不知如何更好地与同学进行沟通、解决问题。生活在不错的家庭环境,没有经历过太大的波折,进入校园后就面临着竞争和与同学相处的压力,加上心理较为脆弱和敏感,经常会因为一些挫折感觉到焦虑和心情低落等情况。

(三)对自己做事要求严格,追求完美

该生在班级担任着班干部,同时也在学校社团中担任着职务。入学后第一学期成绩优秀,在班级中名列前茅。平时爱玩网络游戏,但并未到沉迷的程度。对自己做事要求严格,追求面面俱到,力求完美。此次在网吧留宿的原因也是因为社团中开展的某项游戏活动需要用电脑操作,为了能使活动做到更好,导致不能在熄灯前回到宿舍。在学生活动中投入精力太大,以至于成绩下滑。

(四)希望经济上独立,实现自我价值

该生家庭经济状况良好,但学生本人希望在经济上更加独立,实现自我价值。利用自身在网络游戏中的能力优势,获取一定利益。消费欲望超前,赚钱后购买一些名牌产品,追求高档次的生活。

二、案例分析

从案例情况中可以看出该生问题是当今大学生的普遍问题,由于

成长环境宽松,从小深得全家宠爱,经历过高考的束缚后,在大学阶段呈现出独有的特质:

(一)自信,个性张扬,思想前卫,接受新事物快

当今大学生成长在多元化的经济时代。家长在教育上投入的精力和物力都在不断增加,许多学生都有特长,再加上接触新事物较多,所以在许多的场合都表现出自信、个性张扬的一面。当今大学生从小就与网络一起成长,网络的各种各样的信息充满了他们的生活。他们对手机、平板电脑等数码产品新媒体的认知程度和依赖程度都远远超过了前几代人,他们是信息化时代中最易受影响的人群。

(二)比较自我,团体协作和承受能力差,责任意识淡薄

当今的大学生大多都是独生子女,父母及家中长辈对他们宠爱有加,养成了以自我为中心的习惯,造成了他们与同龄孩子相处缺少沟通和团队协助。不懂得包容与团结协作。生活在家长的宠爱中,没有经历过太大的波折,进入大学校园他们就面临着竞争和与同学相处的压力,致使他们的心理大多都较为脆弱和敏感,承受不了委屈,容易受到伤害,经常会因为一些挫折就会感觉到焦虑和挫败感,感觉较轻者会出现厌学、心情低落等情况,较重者甚至会产生焦躁、抑郁等心理问题。社会责任感淡薄、缺少服务的意识、不能较好地融入集体生活之中。

(三)追求高档次的生活,缺乏吃苦精神,没有耐心,有较强的叛逆心理

大多数的大学生是在长辈的精心呵护下成长的,长辈对孩子可谓是有求必应,这就造成了他们消费欲望超前,而其身后的支持消费的

能力也更强。穿着、日常用品、数码产品等都追求名牌。大多数的大学生都有自己的观点,敢于提出质疑。但有时提出质疑的行为会出现错误,缺乏安全意识。

三、辅导过程

(一)了解并帮助学生分析当前问题,给以相应的解决方法指导

作为辅导员,通过和其班长、同寝室舍友等进行了解,掌握该生的基本情况。通过合适的方式,找一个较为清静、不受打扰的地方与学生进行较深层次的沟通。只有切实了解到学生的情况,才能采取更好的措施。

(二)帮助学生树立目标,以学业为主,合理安排时间

帮助李某确立自身目标,科学规划大学生活,合理安排时间,提高人际交往能力。只要提高自身免疫力,做到"进得去,出得来,拿得起,放得下",远离网络。李某还应以学业为主,真正从思想上认识到学习的重要性,分清主次,鼓励在业余时间参加有意义的社会实践活动,但不应占用太多时间,以免影响学习。

(三)建议学生敞开心扉,解决同学间的矛盾

大家都是以高中优秀的学生身份迈入大学,现在都应重新审视,都处在同一起跑线上,立足于现在,才能着眼于未来。凡事不能太过计较,要拿得起放得下,不要太过敏感,要相信同学之间的情感和交往是质朴的。劝告学生找到和她产生矛盾的同学,敞开心扉好好交流,彻底解决她们之间的矛盾,毕竟还要在一起生活三年多。

(四)积极发挥家长和学生在解决问题中的作用

在处理问题过程中,我没有回避与家长的沟通。家长既然将孩子放心交给学校、放心交给我,我就有责任和义务适时向家长反映情况。在发现问题之初,我就与其家长时常互相反映孩子的表现和心理状态,联合家长一起给予孩子正面的鼓励。

校园生活中,同学之间的关系是最密切的。当同学出现问题时,身边的同学、朋友的态度也很重要。此时,我会积极发动同学,尤其是其班级的班干部,要求其发挥好带头作用,号召其他同学对"问题学生"报以一颗宽容、关爱的心。

在家长、老师、同学三方共同努力下,该生逐渐意识到自己的问题,不仅按时上课,作息规律,提高了安全防范意识,逐步摆脱了对网络的依赖,她还学会了平衡学习与工作的关系,权衡利弊,明确学习目的,搞好与室友和同学之间的关系,重新建立起健康良好的人际关系。

四、经验启示

(一)学生要多与朋友进行交流、释放压力

大学生出现抑郁的现象比较多,究其主要原因,是由于自我价值没有得到很好的体现,对自己进行了一些否定。一般这样的学生情绪都比较低落、不稳定,不爱搭理人,做事情没有兴致,时间长了,容易造成心理情绪积聚,对学习、生活肯定会造成影响,严重的则会患上抑郁症。如果没有找到正常渠道发泄,可能会沉迷于一些自己觉得是正确的事物上面,比如网络。这就需要周围的人群关注他们,给他们温暖,生活中有这种情绪的大学生也要多和身边的朋友谈心、交流,释放出

自己的压力,以缓解这些症状,从而恢复到正常状态。

(二)辅导员与家长携手做好思想教育工作

学生思想教育的开展绝不是单独依靠辅导员的力量就能实现的,辅导员要有全局意识,要利用一切资源开展好学生的思想教育。父母也应积极与孩子进行平等的交流沟通,了解他们的内心世界,善于发现孩子在生活、学习、交往中遇到的障碍,帮助孩子在现实生活中获得成功和快乐。从此案例可以看出,辅导员、家长的合力帮助才能更好地促进学生进步。

(三)与学生进行平等交流

在一对一的谈话中,要目标明确,但也要注意技巧,谈话内容和方式要随着学生的反馈及时调整。也要在谈话中注意平等,真诚的谈话态度是有效谈话的基础。在与学生沟通时,学会聆听学生的倾诉,这样可以更好地与学生进行交流,赢得学生的信任。

(四)加强安全教育,增强安全防范意识

当代的大学生普遍缺乏安全防范意识,忽视自卫技能的学习和训练,是他们成为不法分子侵害对象和灾害事故伤害对象的根本原因。安全防范是大学生成长成才的保护神,大学生只要有效地提高自己的安全防范能力,就可以防止案件的发生,避免灾害的出现,就能够为自己的成长创造良好的学习和生活环境。作为辅导员,要不断加强和改进当代大学生的安全教育模式,变笼统说教为具体案例讲解,以学生身边的鲜活实例为例使学生对身边的安全隐患和诈骗行为有一个深刻的认识和了解。

专家点评：

网络信息的快速发展在为学生学习生活带来便利的同时也给高校学生管理工作带来了不小的挑战。大学生正处于身心发展的快速时期，他们独立性强、渴望追求新事物、情感丰富，但也存在着控制力差、自制力弱、理想信念弱等不容忽视的问题。

本案例中，辅导员面对复杂的情况仍能积极与当事人和家长沟通，帮助学生确立自身目标，科学规划大学生活，合理安排时间，最终妥善解决了学生的心理问题。

作为辅导员，必须正确应对信息化给当代大学生的教育和管理工作带来的影响，培养大学生的网络道德素质，提升大学生对网络的正确认知及自律能力。另一方面，也应积极构建适应网络化时代教育的新模式和管理体制，为青年大学生提供一个良好健康的网络环境，尽可能避免网络给大学生带来的负面影响。

北京工业大学团委书记　马立民

曲线人生　爱心勾画

一、案例概述

辅导员的辅导对象大多为弱势群体或个体，但这个案例中的辅导对象——王同学，“研究生入学前已有工作经历”“研究生入学考试成绩优异”、曾获“某高校模特大赛优胜奖”，这个曾一度是老师、家长、同学眼中的“佼佼者”，却在入学读研期间一连遭遇到了学业、工作、恋爱上的挫败！在她人生这一关键时期，针对她的特殊情况，经过连续不断地对她开展适时、适度、用心的辅导，使她平稳地度过了读研路上的坎坷，为她的人生勾画了一道完美的曲线。

艺术细胞丰富、具有文艺特长、性格热情活泼，这是我对王同学的最初印象，同时也成为我推荐其参与班长竞选的依据。在之后的竞选中，王同学成功当选班长！这为她的研究生生涯开了一个好头，一切似乎朝着她所预想的方向发展。然而，初次当选班干部的她也慢慢遇到了问题，与班级同学沟通不畅、推进班级工作不顺利等难题让她束手无措。其后不久，初恋对象提出分手；经精心的准备后，参评“国家奖学金”失利；申请入党，但在班级票选“入党积极分子”中遭遇失败。

这一连串的打击如当头棒喝,让从小到大成长都很顺利的她一下子慌了神。更让我忧心的是,曾经积极主动的她,变得不愿与家长、同学们交流。我看在眼里,急在心里,但却没有惊扰她的学习和生活。之后不久,我找寻到合适的契机,数次与她进行了交心畅谈,以朋辈的视角一一为她分析学习、生活、情感上遇到的问题,与她探讨解决方法。最终,打开心结的她,在研究生求学路上美丽绽放!她带着满满的收获结束了研究生生活。

二、案例分析

首先,就王同学自身来说,她条件优秀:参加过工作、较同龄人成熟,这是她的优点。但是,也正是这些优势,使她习惯了以高姿态来为人处世;其次,在担任班长职务之前,王同学并未担任过班干部,这对她来说,既是一种历练,也是不小的挑战;再次,初恋告终,给了她不小的打击,变得郁郁寡欢、不露笑脸。之后的竞评“国家奖学金”和“入党积极分子”的失利,更是将她推到了谷底。这一连串的打击,换作其他同学,也是不小的考验。在王同学这个案例中,则更加特殊。从小到大,习惯了家长、老师们、同学们的许可和赞扬,在王同学心中,自己是优秀的,也可以变得更加优秀。正是如此,这一切不如意都犹如巨浪,狠狠地将她拍下,她不知道如何面对这一切失败,更不知道如何开口告诉别人她内心的挫败感。正是这些负能量的积压,她开始变得沉默、不愿与人交流。因此,如何让她认识并能接受自己的不足、重拾对学习和生活的信心、走出阴霾,变成了我的当务之急。但我清楚地知道,面对这个自尊且有一点骄傲的女生,单刀直入的做法是有风险的,因此,合适的时机是我开展辅导工作的关键、恰当的交流方式是重点、王同学内心的认同感和接受度是核心,王同学的心理成长是目标。

在针对王同学的辅导中，我以“马斯洛需求层次理论”为依据，结合她的实际情况，引导她放眼人生长远的未来，走出困境、坚持努力学习、认真工作，以实现更高的自我实现需求为目标。

三、辅导过程

1. 在学习问题上，积极开导，坚持鼓励

王同学在研究生入学考试中取得了优异的成绩，令老师们和同学们印象深刻。此后，在研究生阶段的学习中，她依然是非常努力的。即使是作为班长，需要管理烦琐的班级事务，她也挤出时间学习。作为英语文学方向的研究生，她需要阅读的参考书目和文献非常多，因此需要花费大量的时间。她确实也是这样做的。最终，经过研一一整年的课程学习，她获得了优异的成绩并参与竞评“国家奖学金”。在她自己看来，拥有优秀的学习成绩，同时作为为班级尽心尽力的班长，足以让她成功申请到“国家奖学金”。同时，她还为“国家奖学金答辩”做了充分的准备，她所呈现的PPT更是获得了老师们的一致好评。因此，最终的失利是出乎她自己的预料、让她难以接受的。她甚至开始怀疑自己所做的一切努力是否是有用的。到这里，我认为该是需要我出现的时候了。竞评结束不久的某个周三下午，我约她一起喝下午茶、与她聊天。我首先询问了她近期的学习情况，听她讲学习上、论文上遇到的问题，向她建议积极与导师沟通。之后，我提到了国家奖学金竞评的事儿，听她讲自己的感受以及困惑。我先是肯定了她所取得的优异成绩和突出表现。接着，就她和另一位竞评同学的实际情况，进行了详细的分析。比如，另一位同学作为学院研会主席，积极参与学校、学院各项活动的组织和筹办，确实十分优秀，同时，这位同学的学业也非常优秀，深受好评。因此，面对两个都非常优秀的同学，老师们关注到了进步更大的另一位同学,所以并不是对王同学的否定。在这样细致入微的开导下,王同学不再紧绷着情绪,开始认同我的说法。聊天的最后,王同学让我放心,她会继续以认真、踏实、努力的态度来对待自己的学业。事实也证明她做到了,在后来的毕业论文撰写、评审和答辩中,王同学都很好地完成了。

2. 在工作问题上,敢于放手,辅以引导

作为班长,王同学需要负责整个班级的大小事务,因此与同学们的顺畅沟通就成了她完成工作的保障。但是,初次担任班干部的她,在班级工作中,还是略显"稚嫩"的。在她的工作中,我发现了一些问题。比如,最初在组织活动上,王同学的号召力不是很强,因此容易在人员安排上与同学们产生分歧,进而影响活动的完成。针对这样的情况,我坚持在每次向她传达活动时与她进行讨论,先是听取她将如何通知同学们参与此次活动以及她对活动安排的设想,之后,我对安排比较好的方面给予表扬、针对需要改进的关键点给予我的建议,得到她的认同后,鼓励她开始着手活动的通知和安排。通过这种方式,再有任何活动,她不再是一个人思考、一个人推进了。最终,组织安排活动对于她来说,不再是困难的挑战了。更为重要的是,通过工作方式的转变,王同学不再只是扮演活动的通知者和安排者,更是其中的参与者,由此她与班级其他同学建立了更为稳固、和谐、友好的关系。我相信,这段担任班长的经历必将对她在以后工作中处理人际关系有所启发和帮助。

3. 在感情问题上,耐心聆听,有效建议

女生在感情问题上一向是心思细腻,王同学也不例外。她在失恋后曾一度拒绝与人沟通。我也没有贸然找她了解此事。某次,得知她因感冒在校医院打吊瓶后,我去校医院看了她并询问了她的情况。之后,我又邀请她一同去喝咖啡。期间,我以与她交流的姿态先谈起了我女儿谈恋爱的事儿,询问她们现在年轻人对谈恋爱的看法。王同学先是比较害羞,慢慢地,在我的交心畅谈下,她敞开了心扉与我谈起她的初恋经历。因为她的自身条件较好,她的前男友主动追求她并一直坚持到她来读研究生。被这种毅力所打动,王同学接受了这个男生。可是,仅仅一年的时间,两人相处不甚融洽,最终,这个男生提出了分手。王同学一直想不通的是,明明是对方先追求的她,怎么会最终弃她而去呢?对于这一问题,我以朋友的视角进行了分析,比如,在谈恋爱之前,男生所看到的,都是王同学美好的一面。谈恋爱之后,两人的相处时间增多,慢慢地一些缺点就会暴露出来,这对恋爱双方都是不可避免的。因此,王同学不需要为此事过分忧伤,只需从此次恋爱中汲取经验、改正自身存在的一些小缺点、小毛病,要依然对自己保有信心、以更好的状态期待下一次恋爱的到来。在此次聊天中,我依然是以朋辈的视角展开对话,不让王同学感受到压力。事实证明,这次谈话是卓有成效的。后来又经过几次聊天,王同学表示她已完全走出初恋失败的阴影、会以积极的心态对待感情。

一系列的适时、用心、贴心的辅导,收到了良好的成效。经过多次深度辅导,王同学打开了心结。经过她自己不断的努力,在政治上,她成为一名光荣的预备党员并如期转正;在学业上,她学习优秀、获得了多项校级奖学金及“国家奖学金”;在感情上,她有了新的恋情、并在毕业后走进了婚姻的殿堂;毕业后,她找到了如意的工作并在工作岗位上尽情施展着自己的才华。至此,研究生阶段顺利度过,带着这些成绩,她再次满怀信心、迈向了人生的新阶段!

“曲线人生、爱心勾画”,王同学的读研经历时常萦绕在我的脑海中。虽然她已经毕业了,我仍然不时地从微信上收到她的消息,她待我就像老朋友一样,常与我聊起她工作和生活的近况。

四、经验与启示

我们的集体虽小,但是每个学生在我心里都同等重要。第一,“至精至细”地给予学生无微不至的关怀,用爱心、耐心、热心开展辅导工作;第二,遵循思想政治教育工作中善于“抓重点”的原则,促进班上典型同学的成长进步,从而带动班级整体的进步;第三,为女同学追求实现自身价值提供帮助,善于发现并发挥班级每位同学的特点与亮点,充分发掘女同学的潜力,提高女同学的实践能力。

作为辅导员,爱心、耐心、热心缺一不可。满怀爱心,我可以及时发现学生的哪怕一点异样,及时给他们关怀。保持耐心,我可以在学校持续与学生们保持交流和沟通。倾注热心,我可以拉近与学生们的距离,不让年龄成为我们的障碍。作为一名老师,同时也是学生们的朋友,要用满腔爱心、耐心、热心与他们共同学习、工作、成长!

专家点评:

初涉大学校园的学生面临着多种多样的问题:如何适应新的学习环境、如何提升自己独立生活及解决困难的能力、如何构建并实现自己的人生理想等。高校辅导员有责任和义务帮助学生消除或尽力避免由上述问题造成的心理障碍,确保身心健康发展,以积极的心理状态适应当前快速发展的社会环境。

本案例中,当事人作为老师、家长、同学眼中的“佼佼者”,在入学期间突遇学业、工作、恋爱上的种种挫败,极大的落差导致当事人无法适应,一系列心理问题层出不穷。面对此种情况,辅导员耐心开导,与学生建立较好的信任关系,认真聆听学生的想法,帮助学生纾解心理压力,逐步引导学生重新建立了较为清晰的发展目标。

作为辅导员,需要对学生的生活状态特别是刚入校的新生加以关注,结合不同学生的生活背景,主动了解、防微杜渐,付出足够的热心与耐心,让每一个学生都能健康地成长。

北京工业大学团委书记 马立民

新生适应个案介绍

一、案例概述

王同学,女,大二学生,单亲家庭,从小和母亲一起居住。母亲张某,在本地开一间网吧,同时在公司做行政管理工作,为当地人大代表。

王同学大一是视觉系一班学生,刚入学一学期情况还好,自荐当了班长,一段时间后,出现了对自己要求不严、带头作用欠缺、在学生中威信不高的现象,同学们数次找辅导员要求换班长,辅导员与其交流,王同学理解并表示自己经验不足,工作难推进,后由大家推选出郭某担任班长,这件事对她是一个沉重的打击,她觉得在班里抬不起头。在第二学期:她有时迟到,偶尔作业晚交,辅导员找她了解情况并进行过数次沟通,也与她母亲通过几次电话,请她协助做工作改善孩子出勤情况,按时交作业。辅导员嘱咐同宿舍同学关注并多帮助她,此后出勤、学习态度有所进步,有事也能来办公室找辅导员聊天。在学期末大一新生军训期间,因和同学相处不融洽,搬出宿舍在旅社居住。辅导员帮助她去旅社办理退宿,找其他同学了解情况,并找她谈心,给予她关心,帮助她处理宿舍问题。情况得到缓解,并顺利完成军训。因为宿舍问题,一门专业文化课考试没有参加,成绩受影响,调剂到美术系。

大学二年级,王同学刚开始上课很认真,任课教师反映较好,班主任老师十分关心她,和她关系不错,她也经常帮老师干活,情绪有所好转。后来,上课偶尔迟到,直到出现旷课的情况,辅导员和班主任及时与其联系,找到她本人,她跟老师的解释是:晚上失眠,睡不好觉,早晨就睡过了,后了解到该生是因为和男朋友分手。老师和她谈完后,旷课情况有所好转。2012 年 12 月的一天,王同学哭着来到班主任办公室,说起她与宿舍同学的矛盾问题,说同学们都孤立她,做什么事情都不愿意和她在一起,她对同学的好意总被别人误解,这严重影响到她的学习生活,请求老师调宿舍。班主任和辅导员沟通后,辅导员找到该生同一宿舍的学生了解情况,宿舍同学表示她们对王同学都很友好,不觉得她情绪低落,辅导员叮嘱同一宿舍同学如果王某有任何问题,赶紧和辅导员联系。几天后,班主任再次询问她宿舍问题时,她说老师我们已经没事了,关系已经处理好了。宿舍矛盾问题暂告一段落。

大二下半学期,王同学出现了大面积的旷课情况。3 月底的一天,王同学到班主任办公室,在询问之下,她说家里遇到了困难,想管班主任借 6000 元钱,并已经管其他同学借了 4000 元,说要帮妈妈还款一万,班主任在第一时间通知了辅导员,辅导员又和学工办老师沟通后,觉得家里出现重大变故的同学需要仔细观察,并从生活学习各方面关心她。于是我们在每天检查专业课考勤的过程中,发现该生没有来上课,这引起了老师的关注。在打电话不接的情况下,每天到宿舍叫她上课,但依旧没有效果。因此辅导员王某给家长打电话了解具体情况。主要内容:1. 了解王同学最近家里有什么困难,需不需要学校给予帮助。家长表示家里没问题,确实有借钱的事情,但不涉及学生,也没有到让该生借钱的地步。2. 听学生反映该生最近情绪不好,有时候会在课后出现在教室。该生旷课情况严重,需要发预警通知单,希望家长能配合学校改善该生出勤情况。3. 家长表示出现旷课情况的原因很可能是宿舍出现了问题,想让学校帮忙调整宿舍。因为之前未听到该生宿舍出现问题,辅导员表示如果是宿舍问题,一定会协调解决。之后王同学家长主动来学校当面和老师了解该生情况。学工办主任、辅导员、班主任在办公室接待了该生家长。谈话内容:1. 家长介绍了该生的成长经历,从小学习比较好,也没让母亲操过心,高中时期还担任了班长职务。家长强调该生一直以来学习都比较优秀,非常孝顺,但比较敏感,可能跟成长(单亲)环境有关。2. 由大一辅导员和现辅导员、班主任向家长介绍该生上大学以来的情况,从而和家长进行深入沟通。因旷课较多,学院向该生把预警通知书发给家长,由家长和学生共同签字,家长要配合学校共同监督学生的考勤情况。家长向学校保证以后不会出现旷课情况。该生在家长来学校之后考勤有所好转。3. 一直困扰王同学的宿舍问题,在大二也有所改善,在家长提到宿舍问题的当天,老师询问了该生,该生称宿舍没有问题。

二、经验与启示

新生在大一时遭遇到的挫折会对日后大学生活产生影响,而且多数新生碍于情面,不愿对他人倾诉,新生对挫折的发生毫无准备且没有宣泄心中困扰的途径。大学生在遭遇挫折时往往不能自我调解,极易产生心理问题。从思想教育和心理健康教育的视角出发,可以培养大学新生抗挫折能力:加强新生自我认知教育,要让新生树立正确的挫折观和价值观念;从家庭、学校多方面培养新生的抗挫折能力;营造新生良好的校园和社会环境、为新生提供积极向上的外部环境。

大一新生如何适应新的大学生活？环境适应问题:上了大学就意味着即将离开父母的身边,然而对于大多数学生来说,很多人没有独立生活过,所以生活适应也就成为大一新生适应新环境所碰到的第一个难题。要适应大学生活,首先,思想上要独立,自己的事自己干。其次,充分熟悉校园环境,接受了这个环境就在适应的路上迈出了一大步。最后,不要忘了身边的同学,别人也正在经历跟你相同的问题,看看别人是怎么做的,相信自己,别人能做好的,你肯定也能做好！人际关系建立问题:很多大学生带着良好的人际关系期望与同学来往,但最终都失去了耐心和宽容。学习发展成熟的人际关系,培养人际交往能力,主要包括沟通能力、合作能力和主动关心别人的意识。要学会表达自己的观点、意见和见解,也要学会倾听,理解和尊重对同一问题的不同观点和态度。要学会与他人合作,共同完成学习和成长的任务,培养合作精神和合作能力。总之,大学新生适应不良的调适,需要多方面的努力,只有充分挖掘自身的潜力,发挥自己的主观能动性,才能调整好自己的心态,更快更好地适应大学生活。

通过老师、家长对学生的疏导,现在该生已经适应了新的环境,并能主动找老师沟通,学习上非常努力,在班级里王同学是第一个过英语四级模拟考试的学生,在系主任、专业教师的带动下,现在对绘画油画充满热情,在业余时间还学习国画,对自己也恢复了自信心。

辅导员、班主任应重视外地新生来京后的心理变化,防微杜渐,多关心多沟通,了解学生的家庭与教育背景。辅导员、班主任学习心理咨询知识,也可建议学生接受心理咨询。

专家点评:

大一新生如何度过从高中到大学的转型期,对于其今后的学习和生活状态有相当重要的影响。本案例中学生在大二阶段出现的学业不良、宿舍人际关系紧张等问题都与大一没有很好地度过新生适应期有关。从事学生管理工作的部门、辅导员、班主任要各司其职,做好学生的大学适应教育,从学习状况、生活环境、人际关系等方面帮助学生度过新生适应期,为后续大学生活打下良好基础。

北京工业大学党委学生工作部部长　王文杰

大学新生适应障碍案例分析

大学是学生学习生活的重要转折点,对于很多外地生源的大一新生来说,他们可能是第一次独自踏上火车离开家门,独自去料理自己的生活,独自去面对、去解决遇到的各种困难。由于高中和大学在管理方式、时间分配、授课方式、社交活动等许多方面存在差别,部分大一新生在刚踏入大学校门的时候会感到不适应,如果这些适应问题不能得到很好的解决,极有可能发展成为心理问题。可以说,新生入学阶段是应激性心理问题高发的一个时期。因此关注大一新生的心理适应,帮助他们实现顺利转变和健康成长具有重要的现实意义。

一、案例概述

小于(化名)是一名来自外地的新生。在入学报到期间,节奏比较紧张,每天的日程安排得比较满,小于的适应障碍表现得并不明显。上课第一周,班长、宿舍长和其他同学陆续反映小于存在一些异常的行为,例如,经常自己发呆、注意力不集中、性格比较孤僻、偏执、人际关系过于敏感、自言自语等。作为新生辅导员,我及时与班长和宿舍其他同学进行了交流,对小于的一些心理和异常行为做了了解。经过调查分析,我发现小于存在一定的妄想症状,经常幻想一些虚无的事情,处于钟情妄想和关系妄想状态,且情况较为严重。我及时与小于的家长取得联系,并把家长请到了学校,就小于的成长经历和性格特点进行了详细的了解。通过交流,我对小于的总体状况有了进一步的了解:自入学以来,小于的睡眠质量一直不好,甚至整夜失眠,直接后果就是白天不能正常上课、学习,对小于出现心理行为障碍的原因有了基本掌握。通过沟通学院与家长达成基本共识:先确诊小于的患病程度,再商讨下一步解决方案。小于在父母的带领下到专科医院就诊,最终被诊断为“双向情感障碍”。鉴于小于的情况较为严重,医院建议暂时休学,回家养病。于是,家长将小于带回家休养。休养期间,我与小于的家长一直保持联系,以了解小于的康复情况。

二、案例分析及解决方案

(一)解决问题的思路

本着“以人为本”的原则,对学生负责的态度处理这个问题,及时与家长和班主任进行电话和邮件沟通,就小于的问题和精神状况进行交流,并告知家长采取相应的措施进行干预。同时,将小于的问题表现汇报给学院分管领导,商讨解决问题的方案,并迅速落实。

(二)解决问题的方法

一是建立异常问题即时汇报制度,及时掌握学生情况。开学伊始,建立和完善了学院新生班团干部例会制度,定期召开班团干部例会,参加人员为新生班长、团支书和年级辅导员。同时,在班团干部的入职培训中特别增加了心理健康教育这一环节。通过这种措施强化了学生干部及时发现问题、报告问题、解决问题的积极性和主动性。因此在小于出现心理和行为障碍之后，学生干部第一时间报告了这一问题，为学院进行及时干预提供了充足时间。

二是辅导员及时与主管领导及班主任进行沟通，交流学生的具体状况。接到学生信息反馈后，辅导员第一时间将小于的心理和行为障碍问题报告了学院相关领导。并和主管领导及班主任分析小于目前的心理和精神状况，对小于目前是否适合在校学习做出判断。鉴于小于的妄想症状较为严重，且在宿舍内与其他学院的同学发生过冲突。学院决定尽快联系家长，以免小于的情况进一步恶化，危害自身和他人的安全。

三是及时将学生存在的问题告知家长，落实相关的措施。在问题发生后，我及时将孩子在校期间的一些心理和行为障碍表现告知了家长。并与家长进行了沟通，对孩子入学前的一些成长经历做了进一步了解，对孩子之所以出现此类问题的原因做了分析。通过与家长的交流，初步和学生家长达成了共识，孩子出现此类问题的原因与家庭教育的方式及成长经历有关。之前，小于一直性格内向，朋友比较少。来到大学后，她意识到自己的问题并急于改变。但是，由于自身处理人际关系的能力比较差，因此出现了应激性的心理问题。此后，我邀请学生家长来学校，一方面可以进一步了解小于的状况，另一方面可以进一步明确彼此的责任关系。家长来校后，学院分管学生工作的领导、辅导员与小于家长进行了会谈，就学校的一些规章制度、处理方式以及孩子将来面临的一些问题和家长做了沟通。通过交流沟通，明确了学校与家长的责任和义务关系，并达成初步共识：请家长带小于到权威的精神科医院就诊，以确诊小于的问题；再根据小于患病的程度商讨下一步的解决办法。最终，医院诊断小于为“双向情感障碍”，需要回家休养。协助小于办理完休学、转院及公费医疗的相关手续后，家长将小于带回家休养。在休养的过程中,学院一直与小于的家长保持联系,以了解小于的康复情况。

(三)解决问题的效果

在问题发生后,学院相关领导、辅导员和班级导师及时采取了一系列措施进行干预,取得了一定的效果。

一是学生的心理疾病得到及时治疗,情况逐步好转。在采取了相关干预措施之后,学院、家长相互配合,使学生得到了及时的治疗,病情没有进一步恶化。休学后,小于一直安心在家治疗,学院辅导员和同班同学不定期地给小于打电话,关心她的恢复情况,使她能感受到学院的关心和班级的温暖。

二是加强了学生干部对心理健康问题的关注程度。小于的问题之所以能够及时发现、及时解决,离不开学生干部和广大同学的配合。所以,我们以小于的事件为契机,在学院内进一步宣传关注心理健康的重要性及普及相关的心理健康知识。学生干部对如何做好本职工作、对工作的方式和方法有了一个更深入的认识。在工作中,学生干部更加细致,注重关注身边同学的学习、生活和心理健康,能够及时发现班级学生中存在的异常问题,能够积极地与老师沟通,更好地解决相关问题。同学们对如何帮助存在困难的学生也有了新的认识。

三、经验与启示

学生的心理健康教育包括四个层面,即家庭教育、学校教育、社会教育和自我教育。大一新生入学后,面对全新的学习和生活环境,难免会出现一些不适应的问题。在新生步入大学校门后,这种教育应该以学校教育为中心,统筹其他三方面的教育力量,注重发挥心理健康教育的合力,共同来做好新生的心理健康教育工作。

新生步入大学,一部分学生离开家乡异地求学,他们的学习、生活基本上都是在校园之中,因此学校对学生的心理健康教育更要有针对性与合理性。

首先,学校应当高度重视新生的心理健康教育工作。学校除了对常规心理普测发现的问题学生重点关注之外,学校心理咨询中心,各年级辅导员、班主任也要积极地去了解学生的实际情况,要适当地借助班级学生干部的重要作用,更多地去关注学生,及时了解学生的心理健康状况。在新生心理健康教育过程中,学校相关的职能部门和人员要相互配合,多交流、多沟通,形成共同关注新生心理健康教育的合力。

第二,学校应该将掌握的学生心理健康状况及时反馈给家长,通过信息交流和沟通,达成共识,更有针对性地开展心理健康教育工作。学生步入大学后,可能离家比较远,由于不和孩子生活在一起,父母可能很难了解学生的实际心理健康情况。因此,做好与家长的沟通和交流,商讨问题的解决方案,能够更好地发挥家庭教育的作用,往往会取得意想不到的效果。

第三,重视发挥社会教育的作用。大学是知识的殿堂,而社会更是一所真正意义上的“大学”。在对待学生的心理健康问题上,应该注重发挥社会教育的作用。例如,可以积极鼓励学生参加一些有教育意义的社会活动。在参与社会实践的过程中,学生处理问题的能力、社会交往能力、心理承受能力都会有所提高。

第四,要重视学生心理健康的自我教育。内因是根据,外因是条件,因此学生的自我教育能力对学生的心理健康具有重要作用。学校可以积极地开展各种心理健康教育活动,通过心理讲座、团体心理辅导游戏、播放心理电影和心理座谈会等方式来提高学生的心理健康素质。当学生在面临一些挫折和不适应时,接受过心理健康教育的学生可以在一定程度上避免发生类似的心理问题。

专家点评:

近年来,我国高校学生因心理疾病、精神障碍等原因而产生学业、心理危机的事件时有发生,因而针对学生开展心理健康教育非常迫切,特别是在新生阶段问题更为突出。这对高校辅导员开展学生辅导工作提出新的要求,辅导员需要对照《高等学校辅导员职业能力标准(暂行)》,主动提升专业素养和职业能力,做到能协助心理健康教育机构完成心理筛查的组织实施、能了解大学生的心理特点,熟悉大学生常见的发展性心理问题,掌握倾听、共情、尊重等沟通技能,能够与大学生建立积极有效的师生关系,帮助学生调适一般心理困扰。在案例中,辅导员及时了解到学生的心理疾患,及时与学生本人及家长进行有效沟通,与学生本人和家长建立了信任关系,有效地帮助学生循序渐进解决心理问题,对学生状态的好转起到积极的促进作用。

北京工业大学党委学生工作部部长　王文杰

用心辅导　打造优良学风班

一、案例概述

“女生多男生少”的性别结构一直是外语学院研究生班的突出特点。“心细、感性、恋家、从众”是女生的特点，注重审美、艺术细胞丰富、多愁善感、实践能力相对较弱，更是语言学科女生的特点。常言说：三个女人一台戏。作为这个具有女生多特色的班级辅导员，我知道工作要更细心、更耐心、更热心。她们每个个体都是比较优秀的，但各有各的特点，如何发挥每个人的闪光点，打造出一个优秀的团队，是我的工作目标。我认为培养一名合格的研究生，不仅要注重她们的专业学习，科研课题，更要关注学风建设，学术规范以及人文素养等综合素质的提高；一个班集体的优秀与否，整体的学风学术规范是一个很重要的评价指标。因此，我采用“找准点，连好线，覆盖面”的辅导模式，搭建畅通的沟通桥梁，穿针引线于学校—学院—导师—学生干部—学生之间；抓学风，促班风，收效颇丰，我所辅导的班级连年荣获校优良学风班的称号。

二、案例分析

分析一下外语专业研究生各方面的特点。(1)年龄层次不同:有往届毕业生,有应届本科毕业生,年龄差距很大;(2)婚姻状况不同:她们中或已婚有子女的,或已婚未生育的,或未婚已谈着恋爱的,或没有男朋友的;(3)来源不同:研究生属全国性招生,而外语专业的研究生外地生源远远多于北京生源,女生更为突出;(4)家庭背景不同:有生长在城市的,也有家是农村的;有是独生子女的,有的是单亲家庭的;(5)学习环境不同:本科就读学校有国家重点大学,有隶属省部级的高校,也有二本三本层面的学校,还有通过自学或成人教育考上的。

以上如此多的不同,必然会产生性格上、精力上、经济条件、学习成绩、科研能力及就业观念的差异。当这些个体组成一个班集体时,如何挖掘每个人的优势,有效地规避及减少其弱势,不断地增强集体凝聚力,打造一个精品的团队,成为辅导员在班级辅导过程中的首要任务,也是辅导工作的重点与目标。

三、辅导过程

采取点—线—面的辅导模式。公平客观地对待每个个体,及时发现有需求的辅导对象,及时疏导,找准点,连好线,覆盖面。

1. 借个案辅导辐射之力,达到团体辅导效应

某女生,推荐免试研究生,年龄偏小,性格内向,学习科研一直很优秀,但硕士论文开题报告未通过,导致学生个人对导师产生看法,认为导师该退休了且总是忙于个人的科研,疏忽了对其进行论文指导,提出换导师。班里其他同学也表示认同,因为有的同学导师要出国或

调离,学生担心出现类似的情况。解决好该女生的问题,能起到对其他同学无形辅导的效应。首先,及时地向院主管领导进行了汇报,反映学生的想法,了解导师的情况;接着,积极与导师进行了沟通,了解学生的情况;继而,与该女生进行了恳谈,首先对她平时努力学习积极进取的表现给予了充分肯定,然后公正客观地评价她的导师,最后建议其调整胆小不善沟通的性格弱点,积极主动、及时地与导师沟通。通过辅导,消除了学生对导师的误解,打消了学生换导师的想法,在学院导师及学生共同努力下,顺利通过了开题。

就此召开了班会形式的交流会,该女生交流了感想:自身努力,学会成长;善解人意,勤于沟通。其他同学也敞开了心扉,谈自己、议导师,表达了积极向上的、具有正能量的心声。后来,该同学加入学校学生社团,申报了科技基金,发表了多篇论文,获得多项奖学金,其毕业论文获得优秀硕士论文并评为校优秀毕业生。成功的个案辅导,收到了团体辅导的效果。

2. 选好带头人,积极地参与班级建设

从新生入学开始细心观察每位同学的特点,用心发现每个人的亮点,根据全班总体情况及个人特点,定准位,选好班干部。多年来的经验证明,选好带头人十分关键。同时设置多个"职位",大到班长支书,小到信息员,"量体裁衣",做到一人一职,各尽其职;以每个职位为"点",由班长支书、研究生会主席牵头,将相关的"点"连成"线",让每个"点"在每条"线"上发挥作用,促使每个人都积极地参与班级管理与建设,每条"线"或平行或交叉地全面地开展工作;定期召开"奉献—成长历练—提升""点的作用"等主题干训,提高带头人的素质及能力。

3. 全面提高学生的综合能力

与理科学生相比文科学生特别是女生,科研能力等综合能力较弱，辅导工作要重视培养学生的组织能力、学术科研能力以及实践动手能力。为了培养学生的组织能力，我们鼓励研究生以年级为单位策划组织多场大型活动，比如中秋节晚会、元旦晚会、体育庙会等。为了提高学生的学术科研能力，积极为学生提供讲座及发表论文的信息，对科技基金项目成果严格把关，并举办具有学科特色的名师讲座及科技基金经验交流会等，鼓励学生参加各种形式的学术报告及会议，以获取丰富的前沿知识。为增强学生的实践动手能力，给学生提供锻炼自我的平台，指导编制了具有实用价值的《学术版的成长手册》及《科研成果汇编》，鼓励学生积极参与科技文化节 LOGO 设计，并取得良好的效果。

4. 特色活动提升学生人文素养

辅导中我十分注重提升学生的人文素养。积极组织学生参观国家博物馆、天坛、故宫、798、敦煌艺术展、中华民族园、奥运场馆及北京精神展等；观看外文原版电影及具有语言特色的话剧；到电视台录制“书香北京”等节目，与知名学者近距离接触；多次组织同学参加敬老院慰问活动等。这些活动旨在使学生感受古都文化的博大精深、亘古不变的书籍魅力、艺术的感染力、古代建筑师的匠心独运以及城市精神，提升学生的社会责任感及思想境界。

5. 关心学生全方位的需求

利用学校主题约谈和教育教学大讨论这一平台，充分了解学生在学习、科研、生活等方面遇到的问题，切实维护学生利益；女生多比较关心结婚生育等问题，学院适时地组织计划生育政策座谈会及计生知识大赛，为有孩子的学生提供育儿及妇女保健的书籍及期刊；为了让学生能有更多与男生特别是理科男生接触的机会，组织跨学科的交流会及联谊活动；随着大的就业环境的变化，语言专业外地女生就业形势越来越不乐观，为此，及时召开就业政策解读会、职业生涯规划指导会、跨学院经验交流会及校友座谈会。

6. 努力营造“家”的文化

我院研究生外地生源多，约占全体学生的90%。我始终注重营造“家”的氛围，给她们温馨的感觉和归属感；学院配备了研究生专用活动室，用心布置名家名言、风采展示的温馨环境，精心打造以院为家活动室文化；每月定期召开主题班会，一起聊聊学习科研的进度、谈谈生活的趣事；每逢中秋等节日，组织或全班或新生及贫困生参加的座谈会或茶话会，同学们畅谈家乡习俗，表演地方戏曲，高歌载舞好不热闹，使大家充分地感受到外院这个“家”的温暖。

“用心找点，点线带面”，搞好班干部队伍建设；以“至精至细”的精神给予学生无微不至的关怀；以“润物细无声”的方式培养学生的实践能力、组织能力；以“以美带美”的思想激励学生不断突破自我，取得进步。以“个人成长进步促进集体争先创优”的工作理念，以“点”连“线”带全面的工作方法，突显学生辅导与思想政治教育工作的成效。

通过精心用心的辅导，班集体荣获了“北京市优秀团支部”，多次获评“优良学风班”，“先进班集体”，“创先争优党支部，”“优秀团支部”等称号。

四、经验与启示

第一，“至精至细”的给予学生无微不至的关怀，用心细心耐心精心地开展辅导工作；第二，遵循思想政治教育工作中善于“抓重点”的原则，典型同学的成长进步能够影响带动其他的积极性，从而促进班级整体的进步；第三，为女生探寻自身价值提高平台，善于发现并发挥每个人的特点与亮点，充分发掘女同学的潜力，提高女生的实践能力，为其择业、就业打下良好基础；第四，用心组织有学科特点的活动，提高审美情趣及思想境界。

总之,开展具有特色的班级团体辅导,需要耐心、细致、善于发现问题、善于总结经验、肯于奉献。在辅导过程中,需要潜移默化地引导她们,而非命令或是说教。我始终坚信:把温馨的话语给予学生,把热情的鼓励给予学生,把无私的关怀给予学生,让学生时刻感受到你的爱;作为辅导员不求回报但必会得到学生爱的回馈;辅导员就像一瓶芳香怡人的香水,洒向他人时也一定会熏香自己!

专家点评:

习近平总书记在全国高校思想政治教育工作会议上强调,高校思想政治工作关系高校培养什么样的人、如何培养人以及为谁培养人这个根本问题。要坚持把立德树人作为中心环节,把思想政治工作贯穿教育教学全过程,实现全程育人、全方位育人,努力开创我国高等教育事业发展新局面。作为高校辅导员在思想政治教育工作的一线,只有把握好学生辅导工作的深度、角度和温度,才能真正把深度辅导员工作做到实处。案例中辅导员抓住工作的点,守好工作的线,撑起工作的面,遵循学生成长规律,满足学生成长的需求和期待,加强分类引导,将深度辅导工作做得有深度、有温度、有角度,自身不仅做学生的知心朋友,更要做好学生的人生导师,让深度辅导工作更有实效。

北京工业大学党委学生工作部部长　王文杰

网络传播引发争端的反思

一、案例概述

“玉林狗肉节”引来了“狗粉”的争议，很多爱护动物的同学在网络上开始跟帖痛斥吃狗肉的行为。学生李某与男友去火锅店专门吃狗肉并在人人网发帖“狗肉火锅好吃”，学生王某看到此帖后转帖，引起爱狗学生的跟帖。本校学生刘某非常喜爱小动物，家里养了好几只狗和猫，她不能容忍此事的发生，由于过于激动，发表了很不文明的留言，并将其他帖子内容发至此帖下面。李某当时在发帖子的时候只是认为我就去吃狗肉了，没有其他的意思，但看到转帖内容说的不是说吃狗肉的事情，而是其他的事情并且有很不文明的语言，很生气。王某看到后立即要求刘某将此帖删除，并向李某道歉。经过王某的调解，李某没有再追究。李某的男朋友在不知情的情况下找刘某理论，结果发生了极端的事件。

二、案例分析

事件发生后,学院从上到下都非常重视。系主任、教研室主任、辅导员、班主任及任课老师一起对此事件进行了分析,认为此事为李某及男友在敏感时发帖,王某不负责任转帖以及刘某过于偏激的评论对李某造成名誉伤害,而李某男友对刘某造成人身伤害。经过讨论决定进行调解和教育。

三、处理过程

首先,由班主任与学生进行一对一沟通,使每个学生都能够认识到事情不是简单的,所造成的后果以及各自所应承担的责任。

其次,向李某男朋友的家长了解孩子情况。家长反映孩子从来没有出现过类似事情。这件事情非常特殊,主要是男孩子因为女朋友受到了不公正的评判,自己在朋友圈中没有面子,脸面上下不来。通过与学生深谈,家长和孩子都认识到事情的严重性,男孩深刻认识到事件所带来的负面影响,在网上公开向刘某道歉,并写出检查亲自交给刘某,希望刘某能原谅。

再次,与刘某的父母面对面地分析事情的缘由。使家长认识到事情是由于孩子过于偏激,造成的影响所致。刘某也认识到自己不应该过于偏激,没有考虑到过激言行造成的后果,更不应该在网上跟帖,引起同学之间的误会,在班级造成非常不好的影响。

四、经验启示

1. 引导学生正确运用网络资源。这个事件的发生,使我们反思网络是个双刃剑,带来正面信息的同时也会带来一些没有经过过滤的负面信息,青年学生对网络信息的判断力还有待于提高。作为教育工作者,要引导学生正确利用网络,以免为他人利用,造成不良后果。

2. 在新生教育中,加入如何正确使用网络的内容,以案例分析的形式使新生们知道什么是该做的,什么是不该做的,使他们充分认识到网络的作用,以便于正确利用网络。

3. 开展文明上网教育。通过主题班会等形式,班主任,辅导员引导学生文明上网,文明讲话,不该在网上谈论的事情不要发帖,避免转帖走样,使得同学们之间的友谊更是少之更少。现在的同学们交友圈越来越广泛,有的同学甚至都与国外建立朋友圈,信息的传播速度可想而知,所以我们辅导员要更好地学习知识,在回答同学问题时要慎之又慎。

4. 加强校纪、校规教育。班主任、辅导员要在开班会时一起学习学校的校纪、校规,让学生懂法知法不去犯法。学生们遇到事情容易头脑发热,造成一些过激的行为,我们应加强对学生开展校纪、校规教育,使学生对待突发事情能冷处理,这样就能避免类似事件的发生。

专家点评:

互联网为大学生提供了一个针对各类网络舆情事件发表意见、态度和情绪的平台,在这个平台上,网络素养培育成为引导网络舆情健康发展的关键因素。大学生作为网络应用的主力军之一,其态度、意见和情绪既影响着网络舆情的走向,又受到自身网络素养的影响。大学生思想活跃,个性独立,看待问题有自己的评价标准,并热衷于向他人表达自己的观点,是参与网络舆情的重要群体。但辨别能力低,容易受各种思潮的影响。作为学生辅导员要关注在网络舆情中加强对大学生网络素养的培育,能够引导网络舆情的走向,能够转消极影响为积极影响,能够化极端情绪为平和心态。同时注重引导学生在舆情走向中对问题有一个清醒的认识,引导学生从他人的行为、观念中学会培养自身的网络素养,而不是人云亦云或者偏激冲动。

北京工业大学党委学生工作部部长　王文杰

学生党员发展工作入口问题的分析与对策

大学生党员的发展工作是高校党建工作的重中之重。坚持标准,保证质量,积极慎重地在大学生中发展党员,是加强高校党的建设的重要内容,是培养社会主义建设者和接班人的重要途径。随着高等教育的快速发展,大学生党员数量也稳步增长,大学生思想观念"价值取向日益多元化",如何采取有效对策,把好党员入口关,提高大学生党员质量,是一个重要课题。

一、案例概述

我院在党员发展过程中,存在个别入党积极分子由于入党动机不纯洁,通过发微信红包,给支部党员送酸奶等不正当行为进行拉票的现象。我院针对这一问题,提出解决发展党员入口问题的一些策略和方法。希望以此提高学院学生党员的发展质量和综合素质,充分发挥他们在学习、生活中的党员模范带头和战斗堡垒作用。

二、案例分析

1. 现存问题——入党动机功利化

入党动机是一个人要求入党的内在原因和真实目的,是推动自身争取早日入党的精神力量和动力支持。树立正确的入党动机,是争取早日入党的首要问题,每个学生党员是否确立了正确的入党动机,是保证我党的战斗力、纯洁性和先进性的重要保障。

随着社会经济、政治、文化的日益复杂化,个人的世界观、人生观、价值观也有较大的差异。当今社会和用人单位不仅要求毕业大学生要熟练掌握理论知识和专业技能,还要有良好的工作能力和思想素质,有的甚至以是不是学生干部作为衡量一个优秀大学毕业生的尺子。这就使得一部分学生尤其是有过短暂工作经历的研究生偏颇地认为入党、评优、当干部能为自己未来找工作增加砝码,从而把入党作为提高自己身价的手段。

该生反映了一类学生在入党动机方面存在的问题。这类学生对中国共产党有一定的认识和感情,但还不够深刻,在政治上的信仰和追求不够单纯。这些学生虽有上进心,但他们把政治上的入党与学业上的评先评优和争取奖学金当作自己在校期间的追求,放在重要的地位,将入党作为自己追求学业上的成功与完美的重要附加因素。这类学生入党的目的之一是为自己争取更多的实惠。为了在评优评奖中争得头筹,在就业竞争时增加筹码,他们想尽办法加入党组织。这类学生更加注重于在组织和形式上入党,在思想上缺乏足够的认识和准备。

2. 产生问题的原因

(1)主观原因

由于研究生都来自不同的本科院校,原学校对于积极分子的培养教育程度参差不齐。因此我院部分研究生党员及入党积极分子,对党的理论、路线、方针和政策等知识学习不够细致和充分,总是一知半解,有的甚至是一无所知。对党"全心全意为人民服务"的宗旨理解不够透彻,没有从思想上重视、行为上体现出来。加之研究生学业繁重,来自各方的压力不断增大,对政治理论的学习就更加没有热情和愿望,致使很多大学生在选择入党时都“政治不合格”。然而对于党员或者积极分子如果其理论学习不够,他们就不能运用科学的世界观和方法论观察、分析和解决实际问题;同时容易走极端、钻“牛角尖”,不能做到全面、客观、公正地看问题,陷入片面的方法论。

(2)客观原因

研究生通常以实验室为单位活动,因此同一实验室的同学之间比较熟悉,而不在同一实验室的同学之间则比较生疏。这就导致在党员发展的初选阶段,学生往往倾向于把票投给自己熟悉的人,由于实验室人数不同,可能会导致小实验室的入党积极分子在初选阶段由于票数原因被淘汰。

三、辅导过程

在我院研究生出现用不正当方法进行拉票的行为后,我并没有直接找拉票的学生,而是先与该名入党积极分子所在党支部的党支部书记进行沟通了解情况。通过与该生所在党支部支书了解以及之前工作上与该生的接触,我了解到拉票学生在班中担任团支书一职,积极参加班级各项活动,对待科研学习也比较认真,从递交入党申请书至今,对于入党相关事宜一直十分上心和关注。

此次事件的发生,客观上,是由于研究生入党名额比较有限,班内积极分子都十分积极追求入党。按照入党流程,积极分子需要先经过团支部的票选,差额在积极分子中推选出几名比较优秀的积极分子,之后通过政审,向导师了解情况,党支部内座谈等几个步骤,考察积极分子是否具备入党条件。由于研究生通常以实验室为单位活动,同一实验室的同学比较熟悉,而不在同一实验室的同学则比较生疏。在党员发展的初选阶段,学生往往倾向于把票投给自己熟悉的人,由于实验室人数不同，可能会导致小实验室的入党积极分子在初选阶段由于票数原因被淘汰。

主观上，由于该生将入党作为自己追求学业上成功的重要附加因素，偏颇地认为入党、评优、当干部能为自己未来找工作增加砝码，从而把入党作为提高自己身价的手段。在为了确保自己能通过初选，该生选择了不正当手段，通过发微信红包，给支部党员送酸奶等行为进行拉票。

了解情况后，我与该生进行了谈话。指出其不正当拉票行为的错误，但也告诉他在追求入党的过程中，犯错误是十分正常的，只要在认识到自身的问题后，及时改正依然可以追求入党。同时对于如何在以后的学习生活中，端正自己的入党动机提出了建议。第一，作为积极分子应该更多地、不断地进行政治理论学习，努力树立正确的入党动机。一人入党动机是不是正确，往往同他对共产主义事业和无产阶级政党的认识正确不正确，深刻不深刻有直接的关系。通过学习，进一步提高入党积极分子的思想政治觉悟，对我们树立正确的入党动机起了积极的作用。其次，要求入党的同学仅有入党愿望是不够的，还必须付诸行动，要在实践中不断用切身体验来深化对党的认识，从而进一步端正自己的入党动机。同时也需要多向身边的优秀党员学习。第三，用正确的入党动机克服不正确的思想。人的思想活动是比较复杂的，积极分子们要通过接受党的教育，实际锻炼和自己思想改造，发扬积极因素，克服消极因素，把不正确的动机改正过来。

谈话后，该生并没有及时表态，但几天后他表示明白了自己拉票行为的错误，并表示之后会加强学习，继续积极地向党组织靠拢。

解决方案

(1)严肃发展党员工作纪律、严格审批程序

在大学生中发展党员，我们一定要按照党员的标准，把住质量关。

严格推荐,建立并坚持团组织推优制度;严格考察,建立并坚持对发展对象的多方深入考察制度,深入课堂,深入宿舍认真听取群众意见,测评不合格的不发展;严格审批,建立并坚持组织部门的学生党员审批制度,手续完备、材料不齐全的不发展。

针对学院党员发展出现的问题,我院及时制定《机电学院党员发展工作纪律》(见附件1),发布院党委分委员会文件,在全院公布该项工作纪律,要求各支部在新学期的党员发展工作中严格遵守该项工作纪律,坚决杜绝党内出现不正之风。

总之,在学生党员的发展中,我们要坚决贯彻中央关于"坚持标准,保证质量,改善结构,慎重发展"的方针。同时,我们还应针对部分大学生入党后存在一定程度的"入党前拼命干,入党后松一半"现象,加强对学生党员的继续教育,做好预备党员的考察教育工作,确保学生党员质量,真正使学生党员成为大学生中的先进典型,成为具有导向性、示范性的骨干分子,充分发挥党员的先锋模范作用。

(2)规范入党答辩机制,提高学生党员质量

在积极分子发展为预备党员的过程中加入答辩环节,全方位了解发展对象的思想动态、入党动机,提高党员发展的透明度,从而增加党支部的公信力,同时能够扩大党员发展的群众基础,体现党员发展的民主,更好地提高党员质量。因此,我院推出《机电学院学生发展对象考察确定办法》(见附件2),在支部新学期的党员发展工作试行该考察办法并在后期工作中不断完善。

考虑到实验室人数多寡影响初选结果的问题,在初选结果我们采取2:1的比例选出优秀的入党积极分子,之后通过答辩经党支部考察推选出符合党员标准的积极分子,进行进一步考察。

(3)建立发展对象的有效群众监督机制

党支部在正式发展新党员前,要对发展对象提前进行测评、公示,

同时公开组织部门的联系方式,广泛征求群众意见,增强发展党员工作的透明度,把发展对象置于广大群众的监督之下。这样,在发展前公布拟发展预备党员名单,让群众协助党组织把好"入口关",有利于保持党员队伍的纯洁性、先进性。

(4)加强对党员的继续教育和管理

为保持党的先进性和纯洁性,提高党员队伍的整体素质,必须加强对党员的教育和管理,特别是要抓好对新发展的大学生党员的继续教育工作,要使他们懂得组织上入党是进步的起点,不是进步的终结,每个党员都有进一步提高思想政治水平,进一步解决好思想入党的问题。

首先,要加强对学生党员的继续教育。要求青年学生党员要继续深入系统地学习马列主义、毛泽东思想、邓小平理论、三个代表及科学发展观。当前,特别要认真学习"习近平主席的系列重要讲话"的重要思想的内涵和理论意义,用理论武装头脑,用马克思主义立场观点认识问题、分析问题和解决问题,提高辨别是非的能力。

其次,要加强对党的基本知识、基本路线的掌握,强化为人民服务的意识,在实践中锻炼磨炼意志,掌握本领,使自己更加成熟。党组织通过党员谈话、思想汇报、群众评议来了解这些学生党员的思想、工作、学习和履行党员义务情况,对存在的问题及时批评教育、帮助改正。同时,要加强对党员的日常管理,建立学习生活制度、民主评议制度、监督考察制度,教育督促学生党员按共产党员标准严格要求自己,自觉进行党性锻炼,提高党员自觉服务意识,发扬奉献精神,全心全意为群众服务。

四、经验启示

通过处理该案例,提醒我们在后期的工作当中,应该尤其注意入党积极分子的入党动机及思想动态。尽管研究生已经在一定程度上形成了自己的价值观,我们仍应在入党积极分子的培养教育中,加强理论培训,及时了解并端正学生的入党动机。对于入党动机不够端正的学生给予及时的引导,同时严格入党流程,避免个别入党积极分子存在侥幸心理。

学院各支部在后期工作中,要严格执行《学院党员发展工作纪律》《学院学生发展对象考察确定办法》,规范党员发展流程,严肃支部工作纪律,同时增强支部党员及积极分子对支部工作和党员自身党性和纪律性的认识。要在工作中不断发现问题,优化完善党员发展流程,坚持成熟一个发展一个,防止把不具备党员条件的人吸收入党,防止"带病入党"。在全院推行新制度和新纪律,保证我院党员发展工作的规范运行,学生党员发展工作有序开展

专家点评:

高校辅导员的工作是以思想政治教育为主线,寓教育于学生党建和团建、日常教育管理与服务以及指导学生课外活动中。辅导员要做好推优入党工作,把好"进口关"。端正入党动机,把好发展关。注重用先进理论武装入党积极分子,把好教育关。对于入党动机不纯的不发展,没有经过党校培训的不发展,考察期未满或考察不合格的不发展,没有团组织"推优"的不发展,没有经过政审或政审不合格的不发展,要像本案例中的辅导员正视学生在党员发展中的问题,严肃认真地解决,真正把政治上坚定、德智体全面发展、符合党员条件、忠诚党的事业的优秀学生吸收到党内来。

北京工业大学党委学生工作部部长　王文杰

舍友同学的矛盾及解决

一、案例概述

2013 年 3 月底的一天,本科生二年级一个班的班主任向我反映,班里一个女生宿舍同学之间有矛盾,该宿舍共 6 人,是两个班学生合住的一个宿舍,每班 3 个人。宿舍的 5 个人,强烈要求另一舍友王某搬离宿舍,如果达不到目的就一直闹下去。

二、案例分析

宿舍同学矛盾是大学生经常发生的问题,但产生问题的原因多种多样。王某和舍友产生矛盾的原因在哪里?一个宿舍 6 人,5 个人和 1 个人发生矛盾,我觉得王某应该是矛盾的主要方面。但发生这样的问题,最痛苦的也应该是王某。一个女孩长期生活在这样的宿舍环境中,如果矛盾不及时处理,后果不可想象。

根据她们宿舍的人员构成,我认为产生矛盾的原因很大程度上是成长的环境和家庭教育方式不同。王某从小生活在北京市区,母亲是护士,另外 5 个同学生长在农村,父母务农或打工。

三、辅导过程

(一)了解情况及辅导过程

1. 多方了解情况,找出王某与舍友矛盾的根源

通过班主任了解王某的情况。班主任老师认为王某没多大问题,做事儿有个性,使人感觉与众不同。

通过班干部了解情况。据班干部反应,王某日常很少与大家交流,出勤率很高,几乎不迟到、不缺课。上课时她表现很随意,想说就说,声音还很大,她的言行有时会引人发笑,但没有发现她有情绪问题。班级同学们普遍有这种反映,认为王某学习成绩中等,没什么心理问题,但目前还不是团员。

通过王某同班的两名室友了解情况。通过与二人沟通,发现两名同学对王某的意见非常大。主要是王某每天 6:30 起床,下床、开门声音大。其他 5 人 7:00 起床,王某起床发出的声音严重影响了她们的睡眠;她们还反映王某行为怪异,特立独行。她们反映王某的问题时用词尖刻,态度强硬。对王某"看不惯导致怎么看也不顺眼,怎么做也不对"。但实质的问题是嫌王某说话声音大。

通过外班 3 个舍友了解情况。3 名外班同学反映的情况与前 2 名同学相同。她们觉得王某的行为举止怪异,让大家觉得别扭。她们共同希望王某搬离这个宿舍,并且已经给她找到了空床位。

通过以上情况,基本上排除王某因承受长期被孤立而产生心理问题甚至意外的可能。

2. 着重关注被孤立的王某

在向相关人员了解情况的同时，我也与王某交流，关注她的情况：王某的母亲是一位护士，从小就对她的作息习惯进行严格训练，一年四季，每天晚上 10:00 按时上床睡觉，早晨 6:00 起床。同时她很痛苦地说出了自己说话声音大的原因：由于声带做过手术，导致声音出现问题。从初中开始她的家长需要到学校和老师、同学们解释。觉得大学了，家长就没再对大家说这事儿。另外她反映，每天晚上其他 5 位同学很晚才睡觉，经常用立体声放音乐到凌晨一两点。有时王某生气，就跟她们一起放，看谁放的声音更大，往往是 5 个人先偃旗息鼓，自己也就关了。她认为她们睡得晚影响了自己的睡眠。为了降低下床的噪音，她在椅子上放了个垫子，早上开门时总是轻轻地，已经在尽量减小自己对她们的影响。她觉得大家这么相处肯定不愉快，但是她并不是痛苦难耐。

除此之外，我还对王某进行观察和了解。王某非常热心公益活动，如做迎新、招聘会、毕业典礼的志愿者等。言行举止非常有个性，如她随身总是携带许多物品，包括书包、水杯、水壶、餐具、腰包等。我曾问她“带着水杯怎么还带水壶”，她说她嗓子不好喝水多，水杯小下课来不及去打水，关于随身携带餐具她说“自己的更卫生”。

3. 分析 6 个人的学习、生活情况

我查阅她们入学以来的成绩（大一学年和大二上学期的）。5 位同学成绩都非常好，分别排在各自班的前几名，其中一位同学为班级第一名，而王某的成绩变化较大，大一学年成绩位居班级第十，大二上学期降到第十七名。通过对她们学习成绩的分析，可以看出王某成绩浮动比较大，产生问题的原因是否是宿舍矛盾还有待于进一步了解。

4. 对 6 位同学进行思想教育和心理辅导

分别了解情况后，我将六位同学召集到一起，彼此交换意见，说出对方给自己带来不快的因素,并讨论解决方案。五位同学仍然强烈要求王某换宿舍,理由是大家在一起不愉快,隔壁宿舍有空床。但王某的态度是:她不怕吵,如果谁不适应谁就去。

面对这一局面,我给她们讲了同学的相处之道,作为社会人应有的基本素养,以及学生的权利义务等,尤其是对5位同学讲了马加爵事件。最后5位同学说:其实她们对王某的不良感受都源于情绪,如果关系好,实际上这些都不算什么问题。她们答应尝试着彼此适应,各自调整。最后双方达成一致,她们的矛盾不是因为人品问题而发生的,只是大家的理解和包容不够,也意识到做事情不能一味地由着性子来,要多理解多体谅他人,要与人为善,只有大家心情愉快了,才能幸福地生活和快乐地学习。

5. 联系王某家长,沟通交流情况

通过电话与王某父亲了解情况并征求家长的态度。王某家长认为自己的孩子是有问题,但坚决不换宿舍,担心换了宿舍再发生矛盾没有退路,希望老师从根本上进行调解并对孩子进行教育指导。我与王某的父亲共同分析了王某的优缺点,以及今后家长如何配合老师对王某进行引导和教育。家长也非常赞同我的方案,因为他知道自己孩子的成长历程,由于不太善于处理人际关系,导致从初中就想入团的愿望到现在都没有实现。

(二)辅导成效

问题解决后,我对此事件进行了追踪观察,通过班委、学生社区等了解情况。

1. 六位同学继续住在一个宿舍,宿管人员反映她们六个人表现都很正常。王某在其他宿舍有非常要好的朋友,经常结伴出入,这就消除了我对王某的担心。

2. 到她们宿舍去跟踪问题解决的效果。当时宿舍只有两位同学,她们说:实际上王某也没那么讨厌,当初就是看着不顺眼,所以就过于敏感,现在处得还可以,不那么难受了,“现在我们不想赶走她了,我们已经和好了。否则既伤害她,又伤害自己,让所有人都不开心。”

3. 通过电话,与王某的父亲交流。其父说王某现在好多了,好像变了一个人,快乐了,回家也常常讲起学校的事儿,他非常希望孩子们能够友好相处。

四、经验启示

1. 辅导学生处理好宿舍同学之间关系是辅导员的重要工作内容。一个人在宿舍能否和舍友和谐相处,直接影响到学生的生活学习是否愉快,身心是否健康。

2. 宿舍学生关系问题一定要及时处理到位,否则长期不良情绪和看法的积累有可能酿成重大的悲剧事件,这在高校已屡有发生。

3. 必要时与家长取得联系,及时沟通。每一个学生在成长的过程中,家长对孩子的影响远远大于老师。想要让学生进行调整和改变,征得家长的理解和支持,使学生的问题得到更快、更好的解决。

专家点评:

宿舍成员间产生矛盾在大学生人际关系问题中占有相当的比例,处理是否得当直接影响着学生的成长。在本案例中,辅导员面临宿舍中5位同学反对1位同学的人际冲突时,主动深入学生之中了解实际情况,本着实事求是的原则处理此问题。没有戴上有色眼镜而是保持了一颗“平常心”来看待和分析问题,这为问题的成功解决奠定了良好基础。辅导员在与学生交流时指出:“做事情不能一味地由着性子来,要多理解多体谅他人,要与人为善,只有大家心情愉快了,才能幸福地生活和快乐地学习,”这为多是独生子女的大学生们友善地提了个醒。辅导员在处理此问题时与家长的及时沟通,为全面清楚地了解情况和妥善地解决问题起到积极作用。学校与家长形成教育合力将更好地促进学生健康成长。

北京工业大学应用数理学院党委书记　周洪芳

摘下“有色眼镜”来看她

一、案例概述

王某，女，大二学生。2011年5月16日向我请假，原因是发烧。5月17日晚其家长打电话给我，说暂时不能确诊，要进行进一步检查。我叮嘱其家长，不管结果如何有消息要马上通知我。5月20日下午3点20分，学校医务室接到区疾控中心通知，该生已经被北京市结核病防治所确诊为肺结核，其痰中带菌，有传染性。

二、案例分析

（一）案例分析

这是一例由于学生得了急性传染病引发的公共卫生领域的突发事件。

肺结核病是由结核分枝杆菌感染肺部引起的慢性传染病，是各种结核中最常见者，占90%。一般是由于吸入传染源咳嗽、喷嚏、大声说话时喷出的含结核菌的飞沫而感染。感染后不一定发病,发病时常有咳嗽、咳痰、痰血或咯血等呼吸道症状及低热、盗汗、食欲缺乏、乏力等。正是由于某些症状类似普通感冒而容易被忽略,也由于有一定的传染性而使一些人谈“结核”色变。因王某痰中带菌,具有传染性。因疾病的传染性,有可能已经传染给其他同学,也有可能会有学生对此病不了解,以讹传讹,引起学生思想波动。我及时将情况向主管领导进行了汇报。

(二)解决方案

1. 疾病并不可怕,可怕的是对疾病的错误认识,只要能够正确地认识疾病,就能够有针对性地进行预防。要引导学生学会自我保护,加强学生的自我防护意识。

2. 为确保班级同学的健康,需要对同学进行结核病筛查,排查可疑隐患,做到早发现早治疗。

3. 为防止不明真相的同学误传对王某产生误解,对王某以后的学习生活带来不便,影响同学间的关系,需要及时对学生进行正确的结核病宣传教育。

4. 加强对王某的心理疏导,并对后续治疗及痊愈后进行全程关注,避免因此引起的心理障碍。

三、辅导过程

(一)处理过程

我接到通知后,马上到医务室了解具体情况,并及时给该生打电话核实。经查,该生自发病以来一直在医院和家里治疗,其所住宿舍共有6名学生,平时上课座位不固定,课余也不互相串宿舍,属于密切接触者。我逐一对该宿舍所有成员进行询问,是否有咳嗽、发烧等类似症状,并叮嘱她们要注意开窗通风,有病及时就医,并及时上报。其中刘某5月17日以来一直嗓子疼,5月20日到304医院就诊,确诊为支气管炎,医生让吃药治疗。该宿舍有两人属易感人群,但两人情况良好,无生病迹象,其余同学也无咳嗽、发烧等症状。

1. 及时上报,安抚王某情绪。首先,我将此突发事件及时进行了上报,并对王某进行了安抚,叮嘱她按时吃药,配合就医,要有治愈的信心,争取早日康复。

2. 加强同王某家长的联系。一方面,进一步了解治疗情况;另一方面将学校有关学生请病假的规定进行解读,使家长了解学校的规章制度,同时针对学生的病情,就以后可能影响到的考试及学习等问题进行了说明。

3. 做好密切接触者的情绪关注和身体健康监控。加强对王某宿舍同学的关注,特别是刘某,后得知其没有发烧迹象,咳嗽也已经减轻并好转。宿舍其他同学情况稳定,无思想波动。

4. 积极与区结核病防治所取得联系,沟通后采取预防及结核筛查工作。5月24日下午,区结核病防治所胡大夫到校了解情况,并实地察看了学生上课的教室、宿舍,对上课人数、教室通风情况、住宿条件等进行了详细记录。根据学生人数及防治所的实际条件,我和胡大夫约定组织学生分两批到结核病防治所进行筛查,筛查方式为拍肺片和ppd皮试。5月27日上午,我邀请校医务室的王大夫共同为学生做了情况说明和筛查动员。教育学生肺结核并不可怕,可治可防,对肺结核要有正确的认识,不要带着"有色眼镜"来看人。同学之间要相互信任,不要造谣、传谣,要发扬同学之间的团结互助,共同帮助王某战胜疾病。5月30日、31日,我和王大夫一起陪同学生去区结核病防治所进行结核病筛查,87 名同学中 85 名均接受了区结核病防治所的筛查,另 2 名同学自行去医院进行检查。6 月 2 日下午结核病防治所的大夫看皮试结果,83 名接受 ppd 测试同学中有 22 人呈强阳性,结核病防治所的大夫建议这些同学进行预防性治疗。6 月 8 日下午,结核病防治所的胡大夫到校进行结核病防治宣传讲座,ppd 结果呈强阳性的同学全部参加。6 月 13 日上午对不进行治疗的同学进行签字确认。

(二)处理效果

在整个事件的处理过程中,学生反映平稳,无较大思想波动,学生、家长都对我所做的工作给予了充分的肯定。特别是学生全员进行的肺结核筛查,学生觉悟很高,能够积极参与,主动参加,这不仅是对学生自己负责,也是对他人负责。王某经过治疗,痊愈后又返回校园,生活、学习、人际关系未受影响。

四、经验启示

1. 对突发事件当事人的高度关注和真诚关心。从学生发病开始,我多次和王某沟通,鼓励学生要勇敢面对疾病,打消顾虑,积极配合治疗。病人除了要承受身体上的痛苦之外,更需要精神上的支持。作为学生的领路人和朋友,心与心的沟通更能帮助她走出困境,战胜疾病。我经常给她打电话,询问病情,同时也告诉她,同学们都帮她记好了笔记,等着她重返课堂,鼓励她在治疗间隙也要不忘学习,经常拿起书本自学课程,有问题可以和同学电话沟通。

2. 与家长及时沟通。我与王某的家长进行了几次交流,一方面能够及时深入地了解王某的病情,另一方面也使家长对学生在患病期间需要办理哪些手续有所了解。由于此病的特殊性,及治疗过程中的不确定性,我曾建议其休学治疗,但家长和学生均考虑到休学治疗会影响学业,不同意休学。后来家长反映在治疗过程中副作用明显,不能继续学习,主动为其办理了休学手续。家长对学校的了解可能有限,加强和家长的沟通能够更好地帮助家长了解学校,同时也能使家长看到学校为学生所做的一切,更加理解学校,也有利于学生在校期间的成长。

3. 及时进行疾病预防和宣传教育,使得事件平稳解决。让我感到比较欣慰的是,整个事件的处理过程中,由于加强了对疾病预防和宣传教育,使学生对肺结核病有了正确的认识,学生反应平稳,没有出现较大思想波动等情况。这使我认识到,只要做足充分的准备,就能够消除学生心中的疑惑。当有问题出现时,不要回避,要正确地去面对,积极寻求解决方案,迎难而上,不要讳疾忌医。当流言或误解出现时,要及时制止,及时辟谣,教育学生不信谣、不传谣,要相信科学,避免不必要的误解,不要带着“有色眼镜”来看人,那是极度的无知。

4. 工作中建立联动机制很必要。从最初的信息上报到组织学生筛查的过程中所需要调课、人员安排、用车等后勤保障工作,均得到了学校领导和有关部门的大力支持,顺利得到了解决。可见,在工作中建立联动机制是非常必要的,可以考虑在班级管理中进行运用。

专家点评:

此案例中,辅导员在处理突发事件时表现出沉着冷静、思路清晰、应对有力,对学生充满爱心及责任心,值得称赞!面对因学生患急性传染病而引发的公共卫生领域的突发事件,辅导员从容应对,展现出较强的专业素养和处理复杂问题的能力。无论是对患病学生的关心、鼓励,还是对其他相关学生的告知、筛查,无不体现出辅导员对学生的那份沉甸甸的爱,这份诚挚的爱得到学生及家长的理解、支持,使得这起突发事件没有引起不必要的恐慌，而是在有条不紊地得以化解。更加可贵的是，辅导员在处理这起突发事件之初，就在广大同学中加强对疾病防治的宣传教育，并告知同学们不要歧视患病同学。这一做法，不但有效地营造出有利于解决问题的和谐氛围，更是对患病学生的有力支持！

北京工业大学应用数理学院党委书记　周洪芳

形成工作机制，积极应对传染病

一、案例概述

2016 年某日晚 10:30 左右，机电学院一位班主任老师接到班长电话告知，班上有两名同学被确诊为水痘，另外一名同学目前处于发烧状态，且三位同学均为同一宿舍。班主任随即向学院党委副书记汇报了此情况。

二、案例分析

此案例为突发公共卫生事件。发现水痘患者后，应要求周围同学要做到：1. 注意消毒与清洁。对接触水痘疱疹液的衣服、被褥、毛巾、餐具等，根据情况分别采取洗、晒、烫、煮、烧消毒，且不与健康人共用。同时还要勤换衣被，保持皮肤清洁。2. 定时开窗。空气流通也有杀灭空气中病毒的作用，但房间通风时要注意防止患者受凉。房间尽可能让阳光照射，打开玻璃窗。

同时对患水痘同学给予更多的关心与关注，及时与家长联系。北京生源同学,建议其回家休养直至痊愈。京外生源,联系校医院,为其进行隔离治疗与休养直至痊愈。

水痘(varicella,chickenpox)是由水痘—带状疱疹病毒初次感染引起的急性传染病。水痘—带状疱疹病毒属疱疹病毒科,为双链的脱氧核糖核酸病毒,仅有一个血清型。病毒糖蛋白至少有 8 种,决定了病毒的致病性和免疫原性。病毒在外界环境中生存力很弱,不耐热和酸,能被乙醚等消毒剂灭活。人类是该病毒唯一宿主,患者为唯一传染源,传染期一般从皮疹出现前 1 ~2 天到疱疹完全结痂为止。免疫缺失患者可能在整个病程中皆具有传染性。儿童与带状疱疹患者接触亦可发生水痘,因二者病因相同。

三、辅导过程

学院副书记和班主任老师对此事件进行全面了解和初步的判断:2 名得水痘同学和 1 名疑似得水痘同学均住在宿舍楼 × × × 房间,此房间共有 6 名同学,此前同宿舍同学武某被密云中医院确认为带状疱疹,医生未建议隔离。当时正值五一假期,京内 4 名同学回家。班主任老师获知宋同学、赵同学被医院确诊为水痘,张同学目前发烧,且身上已发现两个水痘。同宿舍其他两位同学(为外地生源,儿童时期已得过水痘)目前在宿舍居住。宿舍已用消毒液进行了消毒。

学院副书记及班主任老师,到校医院汇报此情况,并询问具体的应对措施。校医院保健科医生要求,已确诊为水痘的同学自确诊为水痘之日起隔离 2 周,痊愈后方可复课,宿舍保持通风卫生,同时密切关注其他同学的状况。

随后,副书记和班主任老师到学生所在社区,向学生社区管理中心老师说明学生的病情及宿舍同学的情况,希望学生社区管理中心老师对宿舍情况给予关注，并看望了宿舍其他两位同学，做了注意事项的相关说明。

两周后，宿舍中四位患病同学痊愈，未发现其他同学有类似病情出现。

四、经验启示

水痘传染性强，传播途径主要是呼吸道飞沫或直接接触传染。病毒感染人体后，先在鼻咽部局部淋巴结增殖复制 4 ~ 6 天，而后侵入血液并向全身扩撒，引起各器官病变。任何年龄人群均可感染水痘—带状疱疹病毒，以婴幼儿和学龄前、学龄期儿童发病较多，6 个月以下的婴儿较少见。水痘在易感人群中的播散主要取决于气候、人口密度和医疗卫生条件等因素。

在校园内发现传染病案例后，采取以控制传染源、切断传播链、保护高危人群等为主的综合性防控措施，防止或减缓疫情扩散，减少病例，减轻疫情危害，切实做到早发现、早报告、早隔离、早治疗。

为了对同类事件的有效控制，维护正常教学秩序，确保全院师生身体健康，机电学院特制定《机电学院水痘防控工作实施方案》（附后）。

专家点评：

本案例中，学院党委副书记及班主任对出现的水痘这一传染病高度重视，积极应对，措施得力，效果良好。之所以能够做到这点，首先是对水痘这一传染性疾病的正确认知，其次是采取正确的防控措施。本案例中总结出“采取以控制传染源、切断传播链、保护高危人群等为主的综合性防控措施，防止或减缓疫情扩散，减少病例，减轻疫情危害,切实做到早发现、早报告、早隔离、早治疗”的工作方针值得学习和推广。在解决实际问题的基础上,形成《水痘防控工作实施方案》,明确预防、报告和处置三项制度,使得处理此类问题更加规范、高效。善于在日常管理工作中发现和总结规律、形成制度规范这点非常好。

北京工业大学应用数理学院党委书记　周洪芳

附：

水痘防控工作实施方案

1. 统一认识，加强领导

（1）统一认识。冬春季节是传染病的高发期，学校是人群密集场所，传染病一旦发生，后果将特别严重，因此全院师生要充分认识防治工作的重要性、必要性和紧迫性，给予高度重视和大力配合，齐心协力。

（2）加强领导。全院师生要从保护学生身体健康和维护学校正常秩序的高度出发，切实增强做好传染病防控工作的责任感，由院党委统一部署，制定防控应急预案，学工办具体负责，各系、各年级班级层层落实责任，切实把防控的各项措施落实到位。

2. 科学应对，畅通渠道

（3）宣传教育。充分利用网络、传单、召开班会、讲座等多种形式，向学生宣传"传染病的预防和治疗"的有关知识，一方面提高师生防治意识和自我保护能力，另一方面使师生正确对待传染病，消除恐慌心理。

（4）畅通渠道。要求辅导员、班主任、导师手机畅通，可以随时汇报或接收有关传染病防控方面的信息；实现信息渠道畅通，尽可能缩短处置反应时间。

3. 明晰制度，严格管理

（5）预防制度。大力实施良好习惯养成计划，组织大扫除，注意开窗通风,保持寝室空气新鲜;配合公寓与校医院进行定期消毒,尽量避免大型集会,防止反复、交叉传播。

(6)报告制度。定时通报寝室卫生和同学们健康情况;一旦发生传染病疫情,立即上报,不得延误最佳治疗和防控时机,不得瞒报、漏报。

(7)处置制度。发生疫情要及时向上级相关部门报告,如学生处、研工部、校医院等;一旦发现病人,要及早采取隔离措施,防止学生之间、群体之间传播,病人隔离期为发病后两周;发病者亲密接触人员应尽快接种相关疫苗进行预防。

换位思考，化解情绪

——一起涉外突发事件的处理与思考

一、案例概述

2014 年 4 月 21 日中午，学生张某在足球场踢球时，与某国留学生阿某发生身体接触后，由于语言障碍造成双方沟通不畅，进而引起言语和肢体冲突。造成阿某手臂划伤，张某脸部划伤出血，受伤稍重。张某的同学将双方劝开，在通知学院老师和学校保卫处之前拨打 110 报警。在警务人员到达后，张某及其同学情绪十分激动，提出的解决方案令阿某难以接受，张某认为学校和警方有偏袒留学生的嫌疑，对学校老师的调解较为抵触。

二、案例分析

事情的起因是张某在要求阿某同学按规则离场时，未得到阿某回应，认为阿某蔑视自己，进而再次要求其离场，并有推搡对方的动作。而阿某则误认为对方是攻击自己，进而挥拳攻击张某，张某还未还手就被同学拉开。

我梳理出事件需要关注的几个问题,包括:1. 张某面部的伤情是否严重;2. 张某及其家长对事件处理的态度;3. 警方已初步介入此事,处理此事的意见。对每个问题进行了调查和分析。还对张某和阿某的日常表现进行了调查。张某和阿某年龄均在20岁上下,年轻气盛,容易冲动。根据了解,这两位同学的平时表现整体还是比较好的,他们在此次事件之前也无过节。经过调查和了解,我认为在此次张某和阿某打架事件中,肢体冲突明显,属于一起因踢球导致的突发事件。

基于以上分析,我决定从以下几个步骤解决问题:1. 详细了解事情的起因及经过;2. 与警方沟通,了解警方处理意见;3. 向学院及有关部门通报情况及处理现状;4. 与国际学院合作共同处理事件。

三、辅导过程

1. 明辨是非,确定责任。首先,我对张某的伤情进行了解,得知其伤情并不十分严重,且其急诊就医需要警方开具的证明。其次,我与打架的"胜利方"——留学生阿某,及其辅导员进行沟通,了解到阿某已经认识到打人是错误的行为,并对自己的行为感到后悔,阿某也表达了道歉的意愿,但缺乏赔偿能力。最后,我向警方了解事情的严重程度及警方的处理意见,警方希望以学校教育为主。

2. 讲究策略,端正态度。由于张某的同学与其始终在一起,且他们的意见也一直十分强硬,为此,我以让他们去买水和买药品为由,让张某的同学暂时离开了调解室。然后开始对张某进行劝解,首先对张某在此次事件中没有还手的行为表示了肯定,仔细询问了他的伤势,表明一定尽力帮助张某达到满意结果的态度,以取得张某的信任和理解。然后,我将警方的态度及可能的结果与张某一起做了分析:阿某尚未达到退学甚至开除的条件,即使按张某要求严惩阿某,阿某也不会因此而退学;此次事件与张某本人处理不当有着直接关系,因此在事件的处理上,两人都要接受相应的处理。对此,张某虽不置言辞,但其内心也明白这个道理。对于张某的同学提出的"走司法程序"的意见,我也在其同学回来之后,阐述了警方的态度,并且指出事件应该由双方当事人共同协调解决,其他人无权介入,以此降低张某的同学对事件处理的影响。

3. 措施到位,效果显现。经过我和国际学院辅导员一番调解之后,张某本人主动提出对方道歉的要求,并要求阿某承担医药费。此时,警察已经将就诊证明带来,我决定先带张某去就诊,并与张某家长沟通。张某家长对阿某道歉并负担医药费的调解方案表示认可。

事情至此进入调解方案的落实阶段。结合之前阿某的表态,调解此次事件的最后问题落在了赔偿金额上。在双方辅导员和警方的共同努力下,经过协商,双方达成一致。

3 天后,我对当时双方同学分别进行了后续的关注,事情对双方的影响基本消除。

四、经验启示

1. 加强教育和引导,避免此类事情的发生

大学生充满活力,体育运动是适应其年龄特点和身份需求的很好的锻炼方法。在运动场及其他场合发生一些误会或者口角也很难免,因此在日常的宣传和教育中就需要和同学们多强调正确处理此类问

题的观念和方法。消除学生中存在的"退让即懦弱"的错误观点,从根本上减少此类事件发生的思想根源。

2. 建立有效沟通机制,畅通沟通渠道

为了能够尽快使辅导老师发现问题,本科生以寝室为单位,研究生以实验室为单位,设立安全员制度。安全员由政治素质过硬的学生干部担任,负责在事件初期的简单处理,并向辅导老师及时通报事情经过,通知老师即时前往处理。除此之外,还要建立起与家长沟通的畅通渠道。由于我校是北京市属高校,北京生源较多,因此家长可以在较快时间内参与重大突发事件的处理,将家长力量正确纳入突发事件处理过程当中,可以起到事半功倍的效果。

3. 谨慎处理涉外事务

留学生是学校中相对比较特殊的学生群体,他们国籍不同,宗教信仰不同,生活习惯也不同。涉及留学生的突发事件,如处理不慎有可能引起广泛关注,造成不良影响。因此,辅导员要多了解涉外事务的有关要求,借鉴相关问题的处理方法,与学校国际学院的辅导员合作,共同努力处理相关问题。

专家点评:

大学生年轻气盛,在运动过程中产生肢体冲突在所难免。对于由此引发的问题,处理是否得当直接影响学生的未来发展。在本案例中,冲突双方涉及一位留学生和一位中国学生,而且学生已经报警。辅导员得知此冲突时,抓住了解冲突产生原因、冲突造成的后果、警方的意见等关键点,积极做好学生的安抚及思想工作。在处理问题的过程中,辅导员将其他同学与涉事学生隔离开,这样避免了人多口杂而易形成混乱及不友善的气氛。涉事双方在相对安静的环境中可以更加客观地思考解决问题的办法,这点值得肯定。辅导员及时与学生家长取得联系,沟通问题解决的情况,得到家长的认可,这样对于问题的解决十分有利。辅导员与学生建立起信息沟通机制这点很重要而且必要,便于及时了解学生中出现的各种突发问题,有利于对问题进行干预与解决。

北京工业大学应用数理学院党委书记　周洪芳

骚扰异性同学情况处理及思考

一、案例概述

外院大四朝鲜语专业学生刘某长期利用猥亵内容短信等方式骚扰同班女同学陈某，刘某在韩国留学期间，其班主任文老师通过电话、邮件等方式与其沟通，对其进行劝导和教育；随后学院了解到刘某在湖西大学情绪不太稳定，他删除了 QQ、人人等联络方式里的所有好友，不跟外界联系。之后该生按时回国。

二、案例分析

处理初期，刘某在多次口头和书面保证后，仍明知故犯。甚至在刘某及家长向学校书面保证并申请休学的情况下，继续出尔反尔。故认为刘某仍没有认识到自身的错误，并有进一步骚扰同学的可能。

基于这种情况，学院做了以下工作：

1. 通知学生陈某目前情况，注意自身安全。
2. 通知该班同学予以注意，并关注陈某安全。

3. 继续与刘某家长联系，要求其尽快抵京。

三、辅导过程

院系领导、校学生处、校保卫处在该生回国后共同对其教育劝导后仍然无效（刘某于先后两次向学院和学校保卫处写出书面保证书不再骚扰其他同学后，多次以不同方式继续骚扰陈某，并与其他同学因为此事发生肢体冲突），院方鉴于此种情况请刘某家长抵京协助解决问题。

刘某家长（父亲及姐姐）抵京，院长、院党委副书记、校保卫处老师一同与家长面谈。院方向家长当面把以前与家长沟通过的内容及家长告知书内容再次告知，并向家长再次强调刘某所触犯的校规校纪相关内容及条款。并根据刘某现在囿于感情困扰、认知偏差、不能正确认识错误原因，且屡教不改、执迷不悟的状态，建议其休学调整。

接着陈某家长（父亲）抵京，与院长、党委副书记、校保卫处老师一同与家长面谈。要求校方严肃处理，保证陈某在校期间的安全及正常的学习与生活，同时要求刘某与陈某不能再有任何接触。

刘某最终承认自己的错误，并在同家长（父亲及姐姐）的商讨下共同决定接受校方的处理，并向学校提出书面休学申请。刘某家长书面保证休学过程及休学后由家长将刘某接回家，负责刘某的批评教育和安全。

最终处理决定：鉴于外院大四朝鲜语专业学生刘某长期骚扰同班女同学陈某，不能正确认识错误，且屡教不改、威胁其他同学安全、严重干扰正常教学秩序，性质恶劣。经过院系领导、校学生处、校保卫处多次说服教育，刘某才承认错误并写出了书面检查。根据《北京工业大学学生违纪处分条例》第十条第 10 款及第十二条第 8 款，经学院研究决定给予刘某同学院内通报批评的处分。

四、经验启示

(一)及时到位,迅速回应

学生突发事件发生后,我们应该做到第一时间赶赴现场,控制局面,镇静处理。在接到消息后,以最快速度核实信息的真假,了解情况,迅速做出回应。如果不能立即赶到现场,要联系同事或学生干部先去现场。如果是严重的事件,要先及时向上级领导报告或报警,紧急情况下可以越级汇报;同时要联系相关部门,并通知相关人员到现场。在第一时间到达现场后,我们不能无所作为,更不能消极等待领导指示,因为在处理突发事件时,迟缓、犹豫是大忌,这会错失良机。力求在危机损害扩大之前控制住危机,不让事态继续蔓延,为妥善处理事件赢得时间,减小负面影响。

(二)依靠组织力量,寻求资源协助与支持

应对学生突发事件,靠单枪匹马解决不了问题,必须依靠组织力量,团体协作,由团队处理的模式进行。团队处理的优势在于:对问题能有更彻底和完整的评价,产生更多解决问题的资源和方法。因此,首先要成立由上级领导组成的事故处理小组,通过权威的指挥,统一人员、资源、信息的控制和调配,形成各相关部门环环相扣的应对配合关系。发挥集体合力,较好地控制局面,化解危机。各部门都要依据事先制定的应对职责充分发挥各自的特殊作用,协调配合,主动填补漏洞,千方百计把学生突发事件带来的影响和损失降到最低限度。

（三）有理有节，与家长达成共识

对于重大事件，家长是必须来校处理的。我们要尽量和学生家长处理好关系，尽早与家长达成共识、处理问题。首先，对学生及其家长可能采取的不友好态度做好思想准备。一方面我们要对学生家长给予理解，在有限的范围和合理的尺度内允许他们发泄和发表看法，使他们的焦虑情绪得到合理的释放。相关人员必须保持冷静和克制，不能激化矛盾和产生负面作用，另一方面，掌握稳定对方情绪、进行有效沟通的科学方法，不断提高化解矛盾的应对能力；在必要时也可以采取换人、换地和转换话题等方式转移家长的视线，避免冲突升级。

（四）注重善后处理

突发事件善后处理是突发事件处理中不容忽视的一个重要环节。因为突发事件总是给学校和学生带来一定的危害和影响，只有把突发事件的善后处理工作做好，才能把突发事件造成的不利影响降到最低。所以，当学生突发事件得到有效的控制后，辅导员应重视化解突发事件过程中反映出来的各类矛盾，发挥“创可贴”功效，减少因过度紧张、恐惧和焦虑等不良情绪引发的不安定因素

（五）做好自身的心理调适

有些突发事件可能像噩梦一样，使你的心情很沉重。所以你要做好心理调适，倾诉出来，或者抽空到户外散散心。等心情平静下来了再对这些事情进行总结，吸取经验教训。

专家点评：

面对上述案例中的事件，学院学生工作的老师迅速反应，积极应

对,表明坚决制止侵犯发生的鲜明态度。积极协调各方,形成工作合力,为此事件的顺利解决奠定了坚实基础。遇到此类问题,一定要让学生家长参与进来一起做好学生的教育引导。本案例中总结的“我们要尽量和学生家长处理好关系,尽早与家长达成共识、处理问题”值得借鉴。本案例中的学生之所以产生这样的错误行为的原因值得进一步探究,是单纯的思想品德问题?还是有心理问题?只有搞清楚了原因,才能更有针对性地处理问题。对于受到侵犯的一方,除了加强安全和自我保护意识及措施外,一定要多关注其心理状况,必要时做一定的心理调适及辅导会对学生的健康成长有益。

北京工业大学应用数理学院党委书记　周洪芳

高校患艾滋病大学生的个案处理

一、案例概述

某班班主任老师接到学生报告，称同宿舍X某近期行为举止不太正常，经常旷课前往各种医院求医。并跟同宿舍同学说，自己可能感染了艾滋病，并买来试纸，要求同宿舍同学进行测试。同宿舍同学感到非常不安，申请给X某调换宿舍。

二、案例分析

艾滋病是一种危害性极大的传染病，由感染艾滋病病毒（HIV病毒）引起。HIV是一种能攻击人体免疫系统的病毒。它把人体免疫系统中最重要的CD4T淋巴细胞作为主要攻击目标，大量破坏该细胞，使人体丧失免疫功能。因此，人体易于感染各种疾病，并可发生恶性肿瘤，病死率较高。

鉴于艾滋病的特殊性，极易引起恐慌。因此，慎重、严谨、仔细处理此次危机事件，是我们介入的基本思路。基于保护X某个人隐私、尽可能在小范围内解决危机的双重考虑,我们对 X 某本人、X 某宿舍同学进行了逐一约谈。

三、辅导过程

(一)辅导过程

1. 核实事实、安抚情绪,及时上报

学院接到班主任及时反馈后,学院立即与同宿舍 5 人及 X 某本人进行了谈话,了解相关情况。

经学院了解,X 某曾赴疾病控制中心检查身体,并与疾病控制中心签署保密协议,检查结果为 HIV-1 抗体阳性(+),即该生为艾滋病毒携带者。之后 X 某接受疾控中心建议,到佑安医院(北京的两家可以确诊艾滋病的医院之一)复查确诊。与此同时,该生还买了一些试纸给同宿舍同学检测,结果为同宿舍学生健康,未被传染。学院副书记在确认情况属实后,与辅导员、班主任一起,首先对同宿舍的 5 位同学进行了安抚,并让同学们做好保密工作。然后形成书面报告,第一时间向学生处汇报请示。在学生处相关领导的陪同下,前往校医院与校医院院长沟通。

2. 制定及采取应急措施

根据校医院和朝阳区疾控中心对感染艾滋病毒大学生的处理意见及国家有关规定,学院制定了应急预案,计划做以下几项工作:

(1)患者宿舍暂不调整,继续做好同宿舍 5 位同学本人及家长的解释安抚工作;

(2)了解患者、逐个了解同宿舍学生心理恐惧程度以及精神状态,与心理咨询中心配合做好学生心理疏导工作;

(3)邀请疾病控制中心或校医院专家对同宿舍学生进行艾滋病医学常识普及;

(4)了解同宿舍学生家长的教育背景、性格特征等特质,为启动后续应急预案做准备;

(5)做好保密工作,保护患者隐私;

(6)经常与患者保持沟通,维持患者良好情绪,避免病毒进一步传播;

(7)适时与患者父母沟通、解释及安抚(尽量取得患者同意);

(8)做好各种后续应急预案。

3. 对李某开展多对一的深度辅导

学院约谈X某,安抚学生情绪,开导学生,嘱咐学生配合治疗。该生表现得很无所谓,学院建议通知家长、休学治病,均被该生否决。该生以《中华人民共和国艾滋病防治条例》中"未经本人或监护人同意,任何单位或个人不得公开艾滋病感染者、艾滋病人及其家属的有关信息"条款为由要求学院保密,不能告知家长。

经过学院副书记、学生处副处长、班主任、辅导员在一起进一步讨论、从校医院获取艾滋病相关资料后,学院再次约谈同宿学生,学院副书记主持会议,向同宿舍同学普及艾滋病相关常识。尽管学院花费了很大的心思进行了科普,但是私下里分别了解到,同宿舍5人其实都不愿意再和X某一起居住。经过讨论,拟以沟通X某在校学习情况为由,学院邀请其家长来校,并侧面了解一下X某和父母的关系。

为了避免家长到来前,X某发生意外,学院再次约谈X某,针对学习、身体等方面进行询问。复核X某前往医院的确诊结果,显示为HIV-1抗体阳性(+),再次嘱咐学生按时领药服药。针对宿舍同学提出的调换宿舍的问题,征求X某意愿。X某表示非常愿意主动调换宿舍,甚至在一周前就想过到校外自己租房子住,正在撰写调宿舍申请书。约谈最后,我们向该生提到了会请家长来学校的事情。后由学院辅导员给 X 某妈妈去了电话,邀请父母到校沟通。晚上其母致电,表示第二天晚上会到北京。当晚开始,学院对 X 某进行 24 小时监控,保证他在校内期间不离开辅导员、班主任及同学的视线。

2016 年 4 月 8 日上午,学院接到同宿舍同学电话,说 X 某情绪不太好。在宿舍内大发脾气,认为学院提出请家长都是宿舍同学造成的,表示"我这么信任你们,你们却告知老师,好人没有好报"。同宿舍同学感到非常不安,担心自身安全,提出不能再与其同宿居住。学院担心该生情绪失控,紧急召开讨论会,会同各方制定了阶段性解决方案。会议结果如下:

(1)宿舍方面,学生宿舍管理中心做出相关预案,待 X 某主动提出调换宿舍申请后,为其调换较低楼层的宿舍;

(2)自即日起至该生父母到校,至少要有 2 名学生 24 小时监护 X 某;

(3)辅导员随时准备应对可能发生的危机事件。

当日下午 X 某提交了调换宿舍申请书,学院借此机会再次与 X 某谈话,了解学生思想心理状况,安抚学生情绪,承诺不会告知家长其得病情况,只汇报学习等情况。

4. 家长见面会侧面反馈学生性取向问题,提请家长重视

学院会同相关部门与 X 某父母进行了谈话。谈话主要就 X 某的学习问题、身体状况、宿舍关系、调换宿舍等问题进行了交流。由于 HIV 涉及学生隐私,在咨询了相关法律专家的前提下,学院决定不告知家长,仅从学业、该生性取向两方面把学生的在校情况如实告知家长。在充分表达了其他同学对于 X 某的性取向的担心,以及 X 某本人的意愿的情况下,建议家长在 X 某调换宿舍申请书上签字。

(二)辅导结果

虽然整个过程中,家长多次反复,但是第二天家长还是接受了X某搬离原宿舍的建议,并在宿舍安全责任书上签字。随后X某完成调换宿舍的手续。学院副书记、辅导员约谈同宿舍5人,要求学生继续做好X某同学隐私的保密工作,有关X某的任何问题,及时向学院汇报。建议学生经常去X某宿舍看望X某,督促他的学习。

四、经验启示

1. 加强和完善学校的艾滋病普及宣传工作,建立健全艾滋病普及宣传的工作体系。艾滋病应该以预防为主,加强教师、学生有关艾滋病的科普知识培训和学习工作,并重视学生的性教育。学校可以通过培训、普及"艾滋病"宣传来帮助教师和学生深化对艾滋病的认识和了解,树立危机预防意识,更好地认识生命、尊重生命、欣赏生命、珍爱生命的意义。

2. 提高学生心理健康水平,畅通心理咨询与辅导的渠道。做好学生性取向摸排工作,大致了解本院学生特殊性取向同学,关注特殊群体,做好特殊群体的艾滋病宣传普及工作。

3. 如再次遇到类似的学生案例,还要具体情况具体分析。需要针对患者学生的心理状态、性格特征、主观意愿、家庭地址等各方面进行处理。

专家点评:

对于高校患艾滋病大学生的个案处理是一件涉及学生隐私、敏感性强,对于其他相关同学容易引起恐慌的事件。本案例中,老师在面对此问题时，沉着应对、思路清晰、措施得力，较好地解决了此问题。在处理问题的过程中，老师及时了解相关法律规定，坚决保护学生的隐私权，这也是获得学生信任的关键所在，为问题的解决奠定了良好基础，这点做得很好。学院采取措施确保患艾滋病学生的人身安全的做法值得肯定。在与其家长交谈时的分寸把握准确，既没有违反保密原则又给了家长及时必要的提醒。学院充分考虑到相关学生的心理感受及诉求，一方面普及艾滋病防治知识，一方面也满足学生的合理要求，使得事件的影响降到最低。

北京工业大学应用数理学院党委书记　周洪芳

理性化解赛场上的冲突

一、案例概述

某天下午，辅导员蔡老师告诉我，在中午学院组织的足球比赛中，他所带的 A 班足球队队员和我所带的 B 班足球队队员因为踢球动作幅度较大而引起冲突。双方从最开始相互对骂，进而产生推挡行为。过程中学生马某的眼镜被 A 班足球队 24 号队员损坏。当时两个专业有很多同学都在现场观赛，冲突发生后，场面一度有些失控，双方有 30 多名学生开始相互对峙，还有同学鼓动大家动手，群体殴斗事件一触即发。为防止现场情况进一步恶化，蔡老师把马某和 24 号队员带回进行调解，通知我一起处理这次事件。马某提出要求：他的眼镜在这次事件中损坏，不能再使用，眼镜价值 1500 元，因为 24 号队员是首先动手的人，所以需要其赔偿。在对 A 班和 B 班学生的情况询问和处理中，还有些同学隐瞒事实并鼓动涉及此事的同学不与辅导员配合，可能引发两个专业之间更大的矛盾。

二、案例分析及解决方案

(一)案例分析

这是因为运动冲突引发斗殴的突发事件,同时也出现了学生间的人际交往问题。

(二)处理思路

由于B班男生人数比较多,性格活泼,喜欢参加各种体育活动,学院举办的篮球、足球比赛都积极参加,并取得好成绩。但是班级男生多,又都处于青春期,叛逆期,情绪波动较大,管理难度大。特别是我在二年级才担任该班辅导员,时间短,我对同学了解不多,同学们对我也不了解,我和同学们初步的信任感还没有建立。

因此我决定采取以下措施处理此次事件:

1. 与A专业的辅导员和主管学生工作的副主任沟通,共同努力将这次突发事件的影响降到最低。

2. 召开主题班会,通报此次突发事件情况,提出要求,维护班级和学生的稳定,不再发生此类事件。

3. 发挥班干部力量,控制事态发展。

4. 积极调解、处理事件,力争化解矛盾冲突

三、辅导过程及效果

(一)案例处理的方法、过程

1. 我积极主动地与A专业主管学生工作的副主任和辅导员沟通,多做工作,努力将这次突发事件的影响降到最低。

2. 就此事召开主题班会,通报此次突发事件情况,提出要求,维护班级和学生的稳定,保证不再发生此类事件。为后续处理事件打下良好的基础。

3. 与A专业辅导员一起,分别对A专业和B专业的足球队队员做工作,使他们认识到事情的严重性。我联系了马某的班长,让班长及时关注事态的发展,关注重点同学,有什么事情,马上通知我。与相关同学谈话,询问事件发生的经过情况,并且对这些同学提出要求,要求不煽动、不参与、不鼓动。

4. 24号队员同意赔偿马某眼镜,但是对赔偿金额不能认同。马某坚持要求赔偿1000元,24号队员只想承担500元。这个过程拉锯时间较长,期间有个别同学鼓动马某找24号队员自行解决,不排除武力。两个专业的学生工作领导和辅导员都积极做工作,进行沟通教育。

5. 在处理过程中,马某对我是不是站他这边产生了怀疑,在一些问题上觉得我偏袒24号队员,马某直接对我说,不用我管这件事情,他要用他自己的办法解决这个事情。当时我认识到马某对我的不信任,意识到取得马某的信任很重要,此时马某已经不接我电话了。我对事情进行了分析,感觉马某一方面是被某些同学鼓动要自己进行解决,另一方面马某也是特别在乎自己的面子,觉得这个事情不解决,自己在同学们面前没有面子,所以这样对我。为了取得马某的信任,我主动想办法与马某取得联系,在微信上我主动跟他沟通,谈话进行了2个多小时。首先表明我是他的辅导员,肯定是关心他担心他的,还把群体事件的危害性告诉他,跟他像朋友一样谈话,使马某意识到问题的严重性,也希望抓紧解决这次事情,最后同意赔偿的金额从1000元降到700元。经过与系蔡老师共同做工作,24号队员也同意接受赔偿金额,并且主动道歉。

(二)案例处理的效果

经过不断地做工作,马某与24号队员认识到事情的严重性,都承认了自己的错误,保证不再出现类似事件。

四、经验与启示

(一)建立好辅导员与学生之间的信任关系

这个事情发生的时候我刚接这个班不久,对班级和同学还不是很熟悉,相互之间也还没建立很好的信任,以至于在处理事情的过程中,效果不是太好。经过快1年的辅导员工作,建立了信任机制,现在我在对班级和同学做工作时已经得心应手。

(二)建立班长负责机制,用学生干部对班级进行管理

利用好班干部,让他们发挥作用,关注重点同学,及时跟老师进行沟通。

专家点评：

大学生因比赛，尤其是球类这样的集体比赛项目而产生冲突的事件屡有发生，在处理此问题时，将主要涉事学生及时剥离出来避免发生群体事件十分重要。老师在本案例的处理中很好地做到了这一点，防止事态的进一步扩大。辅导员就此事召开主题班会的做法很好，通报突发事件情况，明确提出要求，维护了班级稳定的同时，让学生认识到遇事一定冷静面对是对自己负责、对集体负责的表现。此案例中涉及对损坏物品的赔偿问题，需要涉事双方达成共识才能得以解决，其间需要辅导员从中做好沟通与调节。辅导员取得学生信任是能够沟通协调好的前提，为此辅导员做了大量细致有效的工作，取得了学生的信任，也使得此事件得以顺利解决，为这位辅导员对学生真心的爱与关怀点赞！

北京工业大学应用数理学院党委书记　周洪芳

家长投诉突发事件处理工作实例

一、案例概述

A 同学，女，2014 级金融学专业学生。该生入校后两周，同宿舍 B 同学家长向辅导员电话投诉 A 同学，反映自己孩子在校受到 A 骚扰，影响学业生活，希望处理。随即，辅导员与 A 同学谈话，之后小段时间内，事情平稳。两周后，突然有 4 名学生父母来到学院投诉 A 同学。家长们列出 A 同学在校期间发生的一些行为事实，比如“眼睛直勾勾盯着别人脱衣服睡觉”“趁人不防备时随口亲别人”，投诉其行为不当并说其有精神病倾向，言辞激烈，表明自己女儿在校期间学习生活受到严重骚扰，心理产生很大阴影，现场气氛紧张。

二、案例分析及解决方案

入学一月内，连续数名家长投诉 A 同学，且情节严重，并列出多种事实依据。A 同学得知自己被投诉后，更是在宿舍里乱砸乱摔，并危言耸听说出“我要杀了你们”这类似的言语。这一系列事实表明 A 同学疑似有严重心理及精神问题，其长期言行不当对其余学生产生心理阴影，引发家长不满，造成毫无预兆情况下突然来校投诉，属于突发事件。

4 名学生双方家长共计 8 人来学院投诉，场面较大，辅导员立即接待安抚并耐心倾听诉求。解决如下：

首先，辅导员向学院上级领导汇报情形。学院指派其余老师协助辅导员控制局面，稳定家长情绪。辅导员感谢家长及时告知学生情况，并希望倾听解决办法。同时，辅导员表示会立即调查此事保护学生人身安全，并会在三日内给出处理结果。

待家长情绪稳定离校后，辅导员立即联系 A 同学，与其进行交流谈话，了解在校学习生活及人际关系情况。倾听 A 同学对自身行为和此事的理解和看法。同时告诉她有学生反映问题，她的行为造成对学生的恐慌。让其知情事实，并根据《学生手册》中相关条例，对其进行规劝和警告。最后，她表示知道自己行为的不当，并会收敛。

辅导员与 A 谈话结束后，立即联系该年级班干部了解情况，并请求班干部协助安抚受惊吓同学。同时联系家长，告知其孩子在校行为并约定第二日来校。当天晚上，辅导员还联系保卫处、学宿中心，希望其协助稳定学生宿舍安全。当晚事件涉及学生均安全无恙。

第二日，家长来校告知 A 同学病情实情。经事实证明，A 同学有抑郁症和狂躁症。辅导员便联系学校心理健康教育中心，询问治疗意见。经几方查证后，A 同学在校行为逾越学生基本行为准则，其余家长投诉的问题属实，A 同学和其父母也达成一致意见，保证类似行为不再犯，并向同学写下承诺书。

三、辅导过程及效果

A 同学本身患有疾病是整个事件爆发的潜在因素，其余同学家长的聚众投诉是整个事件爆发的导火索，A 同学家长知实情而隐瞒不作为导致事态发展严重。该案例辅导需要辅导员进行多方查证，安抚了解受害学生需求；并给予被投诉学生心理疏导，指导学生和家长正确面对并给出建议；整个事件处理要结合多方力量，及时向校院领导、学校保卫处、学校心理健康教育中心等部门通报，获得处理意见。

1. 向上级领导汇报，征求处理意见

8 名家长聚众来学院投诉，该事件干扰学校正常教学运行管理并对在校学生造成心理恐慌。该事件主体涉及学生、学校和家长三方，处理不妥，会影响学校声誉并造成家长纠纷，引起不良社会效应。此事属于学校发生的重大事件，辅导员应及时将情况上报校院相关领导，获取指导意见，再进一步处理。

2. 向周围同学询问情况，了解实情

家长聚众投诉反映问题情节严重，辅导员应引起重视，应从其余学生中了解情况，寻找事实依据。此外，家长投诉更多站在自己孩子受害角度考虑，可能缺乏客观性。基于此，辅导员要多方查证，了解事件真实情况，以免采取不合理的处理措施，过多向其余同学倾斜而忽略 A 同学。

3. 向家长询问 A 同学病情实情，了解服药情况

鉴于多名家长反映 A 同学有精神问题，辅导员告知家长其孩子在校行为并表明事态严重性。A 同学家长告知辅导员 A 患有抑郁症和狂躁症，正在服药治疗，但近日出现药物减量情况。家长表明对 A 的行为表示意外，会即刻联系医院再次复查。若 A 在校期间再有任何不

良行为,辅导员及其余学生可进行录音取证。

4. 再次向上级领导汇报

辅导员多方了解事情及 A 同学情况后,如实向上级领导汇报,并提供相关解决办法,获取支持帮助。

5. 产生解决办法

辅导员经与事件关联学生、家长、校院领导、学校相关管理部门沟通后,针对这一突发事件处理办法如下:

(1)A 同学做出承诺

A 同学承认自己之前言行不当。之后,在 A 同学、A 同学家长及学院老师三方在场情况下,A 同学签订个人行为承诺书,对自己某些行为进行约束,保证不再干扰在校生学习生活,不再违反约定好的行为条例并按时按量服药。并达成“若再犯,其余同学可通过录音录视频方式取证向其提出退宿要求”。

(2)将 A 同学隔离住宿,保持每周一次联络

A 同学虽做出承诺,但仍无法确保事态稳定性。辅导员与学宿中心联络,允许 A 同学搬离学生宿舍,单独住宿。为及时掌握情况,辅导员及时与其联络,保证一周沟通一次。

(3)召开班干部会,避免事态扩大

此事件在学生中波动较大,为避免事态扩大,辅导员召集班干部进行座谈。疏导主要学生骨干心理,让其在同学中传播声音,传递正能量。

(4)做好 A 同学安抚工作,继续服药治疗

第二日早上,辅导员联系学校心理健康教育中心,询问此类事件中的学生应该如何应对。相关老师给出意见,说安抚同学要确实了解其病情及服药情况,督促家长及时去医院复查,如严重则进行休学治疗。辅导员将专业建议告诉 A 同学家长,让其继续服药并保持良好

心态。

四、经验与启示

此次家长聚众投诉突发事件事关重大,事件涉及方较多,如果处理不好,这会对学院和学校的声誉带来很大影响。经验有以下几点:

第一,遇突发事件时辅导员自身要保持冷静,并要立即开展调查。辅导员作为事件第一告知人,很可能前一秒什么也不知道,突然各种消息纷至沓来。此时,我们既要倾听倾诉者言语,也要顾及引发事件学生的陈述,辅导员要做的是在最短时间内查明事件的真相。我们需要分别与双方当事人座谈,也需要从其余同学那里获取信息。辅导员要做到开展措施前,全面真实地掌握事实真相,以便找出最有效公正的解决办法。

第二,突发事件是学校教学管理中的非常规事件,往往掺杂有大量的不确定、危险性因素。因此,面对此事,辅导员要及时向上级领导汇报,告知事态进展情况,寻求指导意见和支持。

第三,突发事件主体是学生,相关舆论会在学生群体中迅速蔓延并产生不良反应。辅导员安抚当事人时,应借助班干部力量,让学生影响学生,弘扬和传播正能量,减少负面消息的传播。

第四,处理突发事件时,辅导员要借助多方力量进行资源整合,协同解决。辅导员虽然是事件第一知情人,但在学校中算是少数群体。突发事件中各种问题错综复杂,尤其是年轻辅导员,和学生年龄相差不大,阅历不够丰富,也没有经验。此时,应多寻求学校相关部门、学院领导老师、家长多方帮助,给予事件处理的相关支持。

第五,建立处理突发事件的危机预警机制。突发事件具有一些共同特性,应建立相关机制,按规范化措施进行处理,提高效率,争取在最短时间内应对危机。

第六，突发事件处理后，辅导员要注重对事件当事人的引导教育。引发事情的同学必定是有问题的，辅导员对该同学采取处理措施后，应不断跟进其发展变化。目前的大学生多为95后，抗挫能力弱，个性自我，比较自负。犯错对大学生成长并非一件坏事，但若学生不能积极面对，很可能出现一蹶不振、绝望悲观的学习生活态度。辅导员要及时进行引导，尤其在心理健康方面进行疏导，帮助其尽快走出事件阴影，保持良好的大学生成长心态和行为习惯！

专家点评：

辅导员面对8位家长一起来学校投诉的突发事件临危不乱值得称赞，后面一系列的做法得当，有效地控制了事态的进一步扩大与恶化。辅导员在处理此事件中，保持了一颗公正的心，既积极听取受干扰学生及家长们的诉求，又认真倾听滋事学生的阐述，更是通过周围学生及滋事家长多方了解情况，做到最大限度地认清事实，为后续的处理做好准备。辅导员在了解真相后，做出的后续处理很有效，让滋事学生写出书面承诺并搬离宿舍单独居住，既保证受滋扰学生的权益不再受到侵犯并使其家长放心，又使得患病学生在正常服药的前提下能够继续在校学习并使其家长满意。在学生的教育培养中，家校通力配合很重要，只有家校达成共识、形成合力，才能使对学生的教育效果更加突出。

北京工业大学应用数理学院党委书记　周洪芳